Avantage

A. Lewis

3

Vert

Rosi McNab

Heinemann Educational,
a division of Heinemann Publishers (Oxford) Ltd,
Halley Court, Jordan Hill, Oxford OX2 8EJ

OXFORD LONDON EDINBURGH
MADRID ATHENS BOLOGNA PARIS
MELBOURNE SYDNEY AUCKLAND
SINGAPORE TOKYO IBADAN NAIROBI
HARARE GABORONE PORTSMOUTH NH (USA)

First published 1997

98 99 11 10 9 8 7 6 5 4 3 2

A catalogue record is available for this book from
the British Library on request

ISBN 0 435 37517 2

Produced by **AMR** Ltd

Illustrations by Art Construction, David Birdsall,
Josephine Blake, Janice Bocquillon, Phillip
Burrows, Graham Cameron Illustration, Belinda
Evans, Jane Jones, Veronica Jones, Fran Jordan,
Rosemary Murphy, Andy Peters, Bill Piggins, Jane
Spencer, Stan Stevens, Julie Stobbard,
Shaun Williams

Cover photo provided by Tony Stone Images

Printed and bound in Spain by Mateu Cromo

Acknowledgements

The author would like to thank Jacques Debussy,
John Styring, Nathalie Barrabé and the pupils of
the Atelier Théâtre, Rouen, for their help in the
making of this course.

Photographs were provided by: **Allsport** p.114
Yannick Noah (Pascal Rondeau); **Ardea** p.137
(François Gohier); **Campagne Campagne** p.10 A
(Uguet), p.43 (Perrodin), p.48 E (Huguet), p.79
(Sergere), p.111 *Brittany* (Meissonnier), p.114 *Mont
Blanc* (Morel), p.125 *Champs-Elysées* (Didillon),
Notre-Dame (Lightstein), p.128 B (Gouilloux),
p.130 *chalet* (Meril), *panorama* (Breton), p.131
restaurant (Bethmont); **Citroën UK Ltd** p.114
Citroën car; **Jacques Debussy** pp.26–7; **Epic
Records** p.102 *Dion*; **Keith Gibson** p.4 C, p.11 B,
D, E, F, p.16, p.48 D, p.83, p.103, p.114 *Seine*,
p.117, p.118, p.124, p.125 *Arc de Triomphe, Louvre,
Cité des Sciences*, p.128 A, C, p.131 *crêperie*;
Jouhandin p.51; **Rex Features** p.31 (Charles
Sykes), p.104 *Easter*, p.136; **Chris Ridgers** p.4 D,
p.6, p.7, p.19, p.22, p.23, p.37 nos 1, 2, 7, p.56,
p.68, p.78, p.111 *Alps*, p.126, p.139; **Small Print**
p.9 (S.J. Laredo), p.35 (N.A. Laredo), p.37 nos 3, 5,
6 (A. Samuels), no.4 (R. Laredo), p.52 (R. Laredo),
p.53 *top right* (R. Laredo), *top left, bottom left,
bottom right* (A. Samuels), p.104 *Christmas, April
Fool* (N.A. Laredo), *New Year* (J. Reed), p.114 *wine &
cheese, Chanel* (N.A. Laredo), p.115 *Issue de secours*
(N.A. Laredo), p.125 *Tour Eiffel* (J. Reed), p.141
(N.A. Laredo); **John Styring** p.48 A; **Sygma** p.102
Depardieu (Arnaud Borel). Remaining photographs
are by Rosi McNab and Heinemann Educational
Books.

Every effort has been made to contact copyright
holders of material reproduced in this book. Any
omissions will be rectified in subsequent printings
if notice is given to the publishers.

Table des matières

The *Rendez-vous* pages in each Module present different grammar topics. You should work on these pages as you come to them and look back at them when you revise. There is a list of *Rendez-vous* pages on page 145.

A vos marques!

① *Toi et moi*

1 Lis: Qui est-ce? Comment s'appellent-ils?
Who is it? What are their names?

B

Je suis une fille. Je m'appelle Aurélie. J'ai quinze ans. Mes cheveux sont noirs et frisés et mes yeux sont marron. Je suis grande.

A

C

Je suis un garçon. Je m'appelle Pierre. J'ai treize ans. J'ai les cheveux châtains et courts. Je porte des lunettes. Je suis assez petit.

Je suis une fille. Je m'appelle Céline. J'ai quatorze ans. J'ai les cheveux blonds et raides et assez longs. J'ai les yeux bleus. Je suis petite.

D

Je suis un garçon. J'ai les yeux marron et les cheveux blonds et courts. Je m'appelle Sylvain. J'ai quatorze ans. Je suis grand.

2 Ecoute: Qui parle? (1–4) *Who is speaking?*

3 Ecoute et vérifie. *Listen and check.*

4 Ecris: Copie et complète les phrases. *Copy and complete the sentences.*

Le numéro un/deux s'appelle .... Il a .... et il est .... Il a .... ans.

Le numéro trois/quatre s'appelle .... Elle a .... et elle est .... Elle a .... ans.

Et moi? Je m'appelle .... J'ai .... et je suis .... J'ai .... ans.

5 Parlez à deux. Comment s'appellent-ils? Attention à la prononciation!
Speak in pairs. What are they called? Watch the pronunciation!

- ● Comment s'appelle le numéro un/deux/trois/quatre?
- ▲ Il/Elle s'appelle (Sylvain).
- ● Il/Elle a quel âge?
- ▲ Il/Elle a (14) ans.
- ● Et toi? Comment t'appelles-tu?
- ▲ Je m'appelle ...
- ● Quel âge as-tu?
- ▲ J'ai ... ans.

6 Ecoute: Ils ont quel âge? (1–6)
How old are they?

Angéline   Virginie   Noura   Pascal   Frédéric   Mathieu

7 Lis: Qui écrit? *Who is writing?*

Exemple: 1 C'est une fille. Elle s'appelle Noura.

1 J'ai quatorze ans. Je suis petite et un peu timide.
2 J'ai treize ans et je suis une fille branchée.
3 J'ai quinze ans. Je suis de taille moyenne et je suis très gourmand.
4 Je suis grand et bavard. J'ai quatorze ans. Mon anniversaire c'est au mois d'août.
5 J'ai treize ans et je suis petit et marrant.
6 J'ai quinze ans et je suis sportive.

8 a Ecris: Choisis un garçon et une fille. Copie et complète les phrases.
   Choose a boy and a girl. Copy and complete the sentences.

> paresseux/euse
> = *lazy*

Il s'appelle ... . Il a ... ans.
Il est   grand/petit/de taille moyenne
           branché/bavard/marrant/gourmand/sportif/timide/paresseux

Elle s'appelle ... . Elle a ... ans.
Elle est   grande/petite/de taille moyenne
           branchée/bavarde/marrante/gourmande/sportive/timide/paresseuse

b Lis les descriptions. Ton/Ta partenaire doit deviner qui c'est.
   Read out the descriptions. Your partner has to guess who they are.

Chez toi
Fais une description de toi. Remplace les mots soulignés.
Describe yourself. Replace the underlined words.

> Je suis <u>assez grande</u> et <u>très bavarde</u>.
> J'ai les yeux <u>verts</u> et les cheveux <u>blonds</u>, <u>courts</u> et <u>frisés</u>.

② *Les profs*

1 Parlez à deux. C'est quelle matière?
Speak in pairs. What subject is it?

l'anglais	les maths
le dessin	la musique
le français	les sciences
l'histoire-géo	le sport
l'informatique	

Exemple:
- ● Le numéro un, c'est quelle matière?
- ▲ C'est les maths.

1   2   3

4   5   6

7   8   9

2 Ecoute et vérifie. *Listen and check.*

3 Ecoute et répète l'alphabet.
Listen to the alphabet and repeat.

A B C D E F G H I J K L M N O P Q R S T U V W X Y Z

Les accents:	é	è	ê	ç
	un accent aigu	un accent grave	un accent circonflexe	une cédille

4 Ecoute: Ils sont profs de quoi? Comment s'appellent-ils? (1–6)
What do they teach? What are they called?

M. = monsieur
Mme = madame
Mlle = mademoiselle

Exemple: 1 musique, M. Garnier

5 Ecoute: Comment Guillaume trouve-t-il les profs? (1–6)
What does Guillaume think of his teachers?

Exemple: 1 C

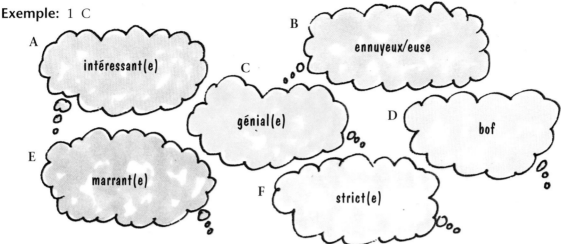

A intéressant(e)

B ennuyeux/euse

C génial(e)

D bof

E marrant(e)

F strict(e)

6 Ecris: Choisis deux de tes profs et décris-les.
Choose two of your teachers and describe them.

Il/Elle est	très/assez	grand(e)/petit(e); gros(se)/mince
	de taille moyenne	
	très/assez	branché(e); bavard(e); ennuyeux/euse; gentil(le); intéressant(e); marrant(e); sportif/ive; strict(e); timide
	génial(e)/bien	

7 Jeu de rôles *Role-play*

● Comment s'appelle notre prof de maths?
▲ Il/Elle s'appelle ....
● Comment ça s'écrit?
▲ .... Comment s'appelle notre prof de français?
● Il/Elle s'appelle ....
▲ Comment ça s'écrit?
● ....
▲ Et toi? Comment t'appelles-tu ?
● ....
▲ Comment ça s'écrit?
● .... Et toi? Comment t'appelles-tu ?
▲ ....
● Comment ça s'écrit?
▲ ....

Chez toi

Fais une liste de tes profs. Ils sont comment?
Make a list of your teachers. What are they like?

Exemple: Mr(s) (Brown) est le/la prof de .... Il/Elle est ....

3 Je mesure …

Rappel: Les nombres

0 zéro 1 un 2 deux 3 trois 4 quatre 5 cinq 6 six 7 sept 8 huit 9 neuf 10 dix

11 onze	21 vingt et un	40 quarante	80 quatre-vingts
12 douze	22 vingt-deux	50 cinquante	81 quatre-vingt-un
13 treize	23 vingt-trois	60 soixante	82 quatre-vingt-deux
14 quatorze	24 vingt-quatre	70 soixante-dix	90 quatre-vingt-dix
15 quinze	25 vingt-cinq	71 soixante et onze	91 quatre-vingt-onze
16 seize	26 vingt-six	72 soixante-douze	92 quatre-vingt-douze
17 dix-sept	27 vingt-sept	73 soixante-treize	93 quatre-vingt-treize
18 dix-huit	28 vingt-huit	74 soixante-quatorze	94 quatre-vingt-quatorze
19 dix-neuf	29 vingt-neuf	75 soixante-quinze	95 quatre-vingt-quinze
20 vingt	30 trente	76 soixante-seize	96 quatre-vingt-seize
100 cent	200 deux cents	1 000 mille	2 000 deux mille

1 Ecoute et répète. Attention à la prononciation!
Listen and repeat. Watch the pronunciation!

**0 10 11 20 21 30 31 40 41 50 51 60
61 70 71 80 81 90 91 100 200 1 000**

2 Ecoute et note les nombres. (1–15)
Listen and note down the numbers.

3 Le Loto *Bingo*

a Choisis six nombres entre 1 et 49.
Choose six numbers between 1 and 49.

b Ecoute: As-tu gagné?
Have you won?

4 Ecoute: Ils mesurent combien? (1–5)
How tall are they?

1 mon frère Jean-Marc
2 ma soeur Sophie
3 ma soeur Amélie
4 mon frère Daniel
5 le bébé Patrice

5 Ecris: Range-les par ordre de taille et complète.
Put them in height order and complete.

... est le/la plus grand(e).
... est le/la plus petit(e).
Sophie est plus grande que/qu'...
Daniel est plus petit que/qu'...

6 **a** Ecris: Tu mesures combien? *How tall are you?*

b Parle: Pose la question à trois autres élèves. *Ask three other pupils.*

c Ecris les résultats. Copie et complète.
Write up the results. Copy and complete.

Je mesure ...
Je suis plus grand(e) que ...
Je suis plus petit(e) que ...

> Je suis le/la plus petit(e)/grand(e). = *I am the smallest/biggest.*

7 Lis le texte et réponds aux questions.
Read the text and answer the questions.

Les records

Record de vitesse:	guépard	110 km/h
	cheval	70 km/h
Record de hauteur:	girafe ·	5 mètres
Record de taille:	éléphant d'Afrique	10 mètres de long pèse 10,8 tonnes
Record de longueur de corne:	rhinocéros	158 cm

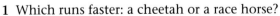

1 Which runs faster: a cheetah or a race horse?
2 Which is the tallest animal and how tall is it?
3 Which is the largest animal and how big is it?
4 Which animal holds the record for the longest horn?

MINI-TEST 1

1 Can you tell someone ...?
   a what your name is
   b how it is spelt
   c how old you are

2 Can you ask someone ...?
   a what his/her name is
   b how it is spelt
   c how old he/she is

Récréation

Je me présente

1
Je m'appelle Pierre. J'habite en Guadeloupe. J'ai deux soeurs et trois frères. Je n'ai pas d'animal. Mes parents sont divorcés et j'habite chez ma mère et mon beau-père. J'aime habiter ici, parce qu'il fait très chaud. Je ne suis pas très sportif. Je suis paresseux!

2
Mon nom, c'est Thérèse et j'ai quinze ans. J'habite à Paris, dans un appartement. Nous habitons au cinquième étage d'un grand immeuble. Je n'ai pas de frère ou de soeur. J'aime les chiens, mais on ne peut pas avoir de chien dans l'immeuble. C'est dommage mais j'aime habiter en ville. J'aime aller au cinéma et j'adore faire les magasins.

3
Mon nom est Marc. J'habite en Suisse. Nous habitons dans une ferme et nous avons un vignoble. J'ai un chat et deux chiens. Ma soeur a un cheval et elle fait beaucoup d'équitation. Je préfère les motos!

4
Je m'appelle Etienne. J'ai quatorze ans. J'aime le sport, surtout la planche à voile. Le week-end, je fais de la planche avec mon père et mon frère. J'habite à Annecy, près du lac. J'aime jouer au football et aussi faire du vélo. Nous avons un chien de garde.

5
Je m'appelle Isabelle. J'ai treize ans. J'habite avec mon père, parce que ma mère est morte. Je n'ai pas de frère ni de soeur, mais j'ai un chat et j'ai beaucoup de copines. J'habite à Megève, dans les Alpes. J'aime faire du ski et jouer au tennis.

6
Salut! Moi, c'est Nicolas. J'ai une soeur. J'aime faire du sport. J'aime le foot et le cyclisme. On n'a pas d'animal, parce que ma mère est allergique aux animaux. J'habite à Lyon. C'est une grande ville.

A Qui est-ce? Fais correspondre les textes et les photos.
Who is it? Match the texts to the photos.

B Vrai ou faux? *True or false?*

1 a Pierre est fils unique.
  b Il aime faire du sport.
2 a Thérèse habite un grand immeuble.
  b Elle a un chien.
3 a Marc habite une ferme en Suisse.
  b Il a un cheval.

4 a Etienne aime faire du sport.
  b Il aime faire de la planche à voile sur le lac.
5 a Isabelle est fille unique.
  b Elle a beaucoup d'amies.
6 a Nicolas est paresseux.
  b Il est allergique aux animaux.

C Who do you think you would get on with best? Why?

④ Qu'est-ce que vous aimez faire?

1 C'est quel passe-temps? *Which leisure activity is it?*

Exemple: A lire

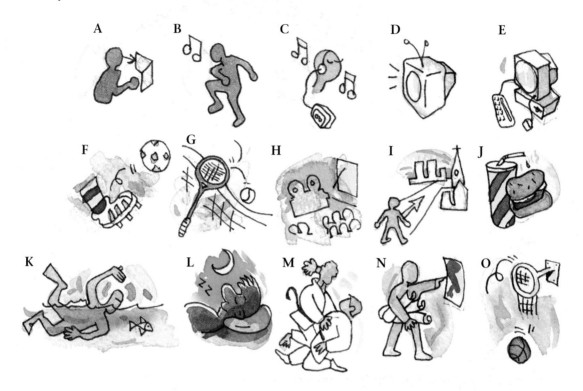

aller	en ville/au cinéma/chez mes copains
collectionner	les CD/les posters/les timbres
écouter	de la musique
faire	des bêtises/du judo/du vélo/du sport
jouer	au football/au basket/aux cartes/sur l'ordinateur/au tennis
manger	au McDo
regarder	la télé
danser/dessiner/dormir/lire/nager/me reposer	

2 Ecoute: Qu'est-ce qu'ils aiment faire? Trouve les bonnes images. (1–6)
What do they like doing? Find the right pictures.

Exemple: 1 A, B, D ...

3 Ecoute: Et qu'est-ce qu'ils détestent? (1–6)
And what do they hate?

Exemple: 1 F

4 Ecris: Qu'est-ce qu'ils aiment faire et qu'est-ce qu'ils détestent?
What do they like doing and what do they hate?

Exemple: Ludovic aime ... et il déteste ...   Aurélie aime ... et elle déteste ...

5 Et toi? Qu'est-ce que tu aimes faire et qu'est-ce que tu détestes?
And you? What do you like doing and what do you hate?

Exemple: J'aime faire/jouer/... . Je déteste ...

6 Ecoute: Comment trouvent-ils les jeux vidéo? (1–8)
What do they think of video games?

Exemple: 1 F

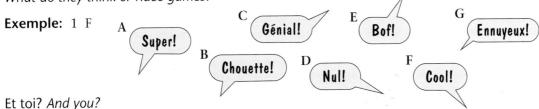

A **Super!**
B **Chouette!**
C **Génial!**
D **Nul!**
E **Bof!**
F **Cool!**
G **Ennuyeux!**

7 Et toi? *And you?*

a Comment trouves-tu les jeux vidéo? Copie et complète.
What do you think of video games? Copy and complete.

Je trouve les jeux vidéo ...

b Pose la question à ton/ta partenaire et note la réponse.
Ask your partner and note down the answer.

Comment trouves-tu les jeux vidéo?   Il/Elle trouve les jeux vidéo ...

8 a Ecris trois questions. *Write three questions.*

Aimes-tu	jouer	au football/aux cartes/aux jeux vidéo/ sur l'ordinateur/...?
		regarder la télé/écouter de la musique/ nager/lire/dormir/danser/...?
Comment trouves-tu	le foot/le tennis/la télé/les hamburgers/...?	

b Interviewe ton/ta partenaire et note les réponses.
Interview your partner and note down the answers.

Exemple: Il/Elle aime/déteste (jouer aux cartes).
Il/Elle trouve (le foot) (ennuyeux).

Chez toi

Ecris un résumé. Enregistre! *Write a summary. Record it!*

J'aime ... et je déteste ... . Je trouve ...
Mon copain/Ma copine aime ... et il/elle déteste ... . Il/Elle trouve ...

5 Aimez-vous les sports dangereux?

1 C'est quel sport? Fais correspondre les mots et les images.
Which sport is it? Match the words to the pictures.

1 le canoë-kayak
2 le cyclisme
3 l'équitation
4 l'escalade
5 le hockey sur glace
6 la natation
7 le parapente
8 la plongée
9 le rafting
10 le saut à l'élastique
11 le ski nautique
12 le surf des neiges

2 Ecoute: Qu'est-ce qu'ils ont déjà fait? (1–2)
What have they already done?

Exemple: le canoë-kayak: 1 ✗, 2 ✗

✓✓✓	✓✓	✓	✗
souvent	quelquefois	une fois	jamais
often	*a few times*	*once*	*never*

3 **a** Et toi? Qu'est-ce que tu as fait souvent, quelquefois, une fois, jamais?
And you? What have you done often, a few times, once, never?

Exemple: le canoë-kayak ✓

b Prépare six questions et interviewe ton/ta partenaire.
Prepare six questions and interview your partner.

Exemple: ● As-tu déjà fait du/de la/de l' ...?
▲ Oui, une fois./Non, jamais.

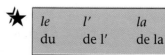

le	l'	la
du	de l'	de la

4 Ecoute.

a Qu'est-ce qu'ils voudraient faire? Trouve la bonne image. (1–6)
What would they like to do? Find the right picture.

Exemple: 1 C

b Qu'est-ce qu'ils ne voudraient pas faire? (1–6)
What wouldn't they like to do?

Exemple: 1 G

Je voudrais	faire	du ski/de la plongée/de l'escalade
Je **ne** voudrais **pas**		**de** ski/**de** plongée/**d'**escalade

c Pourquoi? (1–6) *Why?*

Exemple: 1 d

a J'ai peur du vide.

b J'ai peur de l'eau.

c C'est dangereux.

d C'est ennuyeux.

e C'est trop difficile.

f J'ai peur des chevaux.

5 Choisis un(e) corres et justifie ton choix.
Choose a penfriend and give a reason for your choice.

Je choisis ..., parce qu'il/elle	fait du/de la/de l' ...
	voudrait faire du/de la/de l' ...
	ne voudrait pas faire de ...

6 Lis: Qui est-ce? *Who is it?*

1 *Je n'aime pas faire d'escalade.*
  Je préfère le foot.

3 **Les chevaux sont grands et j'ai peur de tomber.**

2 *Je n'aime pas le cyclisme, c'est ennuyeux.*

4 Je n'aime pas le kayak, c'est trop difficile.

Chez toi

Complète les phrases et apprends-les par coeur. Attention à la prononciation!
Complete the sentences and learn them by heart. Watch the pronunciation!

J'ai fait (du kayak). Je voudrais faire (du ski).
Je ne voudrais pas faire de (cyclisme), parce que (c'est ennuyeux).

Enregistre! *Record them!*

6 *A quelle heure?*

1 C'est quelle montre? *Which watch is it?*

1 Il est sept heures.
2 Il est sept heures dix.
3 Il est sept heures et quart.
4 Il est sept heures vingt.
5 Il est sept heures et demie.
6 Il est huit heures moins le quart.
7 Il est huit heures moins cinq.

2 Ecoute: Ils quittent la maison à quelle heure?
Trouve la bonne montre. (1–7)
What time do they leave the house?
Find the right watch.

Exemple: 1 D

3 Ecoute: Ils rentrent à quelle heure? (1–7)
What time do they get back?

Exemple: 1 17h10

4 a Ecris des phrases. *Write sentences.*

Il/Elle quitte la maison à ... et il/elle rentre à ...

b Et toi? Copie et complète. *And you? Copy and complete.*

Je quitte la maison à ... et je rentre à ...

5 Pose les questions à ton/ta partenaire et note les réponses.
Ask your partner the questions and note down the answers.

Tu quittes la maison à quelle heure?
Tu rentres à quelle heure?

Il/Elle quitte la maison à ...
et il/elle rentre à ...

6 Ecoute: On sort ce soir! On se retrouve où et à quelle heure? (1–6)
We are going out tonight! When and where are we going to meet?

Exemple: 1 B 18h15

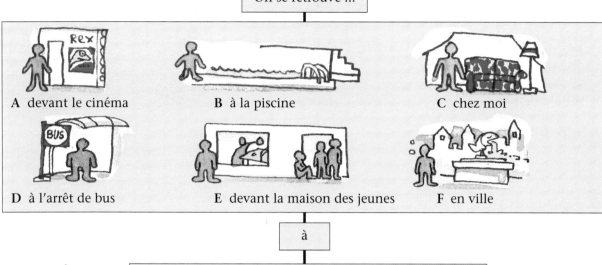

On se retrouve ...

A devant le cinéma   B à la piscine   C chez moi

D à l'arrêt de bus   E devant la maison des jeunes   F en ville

à

| 17h30 | 18h15 | 18h45 | 18h50 | 19h25 | 20h10 |

7 Jeu de rôles *Role-play*

- ● On va au cinéma/à la piscine/à la maison des jeunes/en ville ce soir?
- ▲ Oui, bonne idée. On se retrouve où?
- ● Devant le cinéma/à la piscine/à l'arrêt de bus/en ville/chez moi/chez toi.
- ▲ A quelle heure?
- ● A 17h45/18h15/18h30/19h00.
- ▲ Bon. A tout à l'heure!

8 Ecris un message. *Write a message.*

9 Parle: Prépare un message à laisser sur un répondeur.
Prepare a message to leave on an answering machine.

On va au/à la/à l' ... ce soir		
On se retrouve	devant ... au/à la/à l' ... en ville chez ...	à ... h ...

MINI-TEST 2

1 Can you tell someone ...?
  a three things you like to do
  b one activity you would like to try
  c where and when you want to meet

2 Can you ask someone ...?
  a Do you like (playing cards)?
  b What do you think of (football)?
  c What time do you (leave home)?
  d Where should we meet?
  e At what time?

Rendez-vous 1   Toi et moi

A Talking about yourself: **Moi**

▶ Copie et complète en utilisant tes mots à toi à la place des mots entre parenthèses.
Copy and complete, using your own words in place of the words in brackets.

1 Je suis (un garçon/une fille) (anglais/anglaise).
2 J'ai (quatorze) ans.
3 J'ai (les cheveux longs).
4 Je suis (grand).
5 J'aime (le foot).
6 Je déteste (la musique de …).
7 Je fais (du cyclisme).
8 Je voudrais faire (du parapente).

B Talking about your things: **C'est à moi.** *It's mine.*

	masculin (m)	féminin (f)	pluriel (pl)
my =	mon	ma	mes

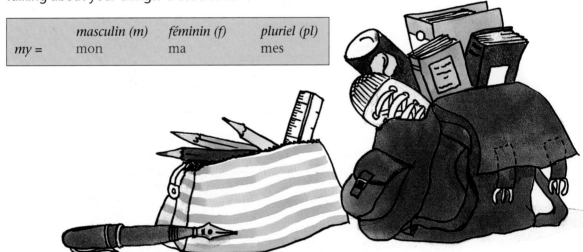

C'est mon stylo.   C'est ma trousse.   Ce sont mes affaires.
It's my pen.   *It's my pencil case.*   *They are my things.*

▶ Copie, complète et traduis en anglais.
Copy, complete and translate into English.

1 J'ai perdu *mon* livre. (m)
2 Où sont … tennis? (pl)
3 Passe-moi … sac. (m)
4 As-tu vu … veste? (f)
5 J'ai perdu … affaires de sport. (pl)
6 … mère est grande.
7 … frère s'appelle Martin.
8 … copine voudrait faire du parapente.
9 … grands-parents habitent à Londres.
10 Je ne trouve pas … clés.

11 … yeux sont bleus.
12 … petite soeur a 10 ans.
13 … anniversaire est le 13 juin.
14 J'habite chez … père.
15 Qui a pris … chaussures de foot?
16 J'aime jouer sur … ordinateur.
17 J'ai une télé dans … chambre.
18 … parents sont sympa.
19 J'ai cassé … lunettes.
20 … chien est marrant.

cassé = *broken*; perdu = *lost*; trouver = *to find*; vu = *seen*

C Finding out about someone else: **Et toi?** *And you?*

Copie et écris tes propres questions en changeant les mots entre parenthèses.
Copy and write your own questions by changing the words in brackets.

1 Es-tu (français(e))? *Are you ...?*
2 Es-tu (bavard(e))? *Are you ...?*
3 As-tu (une petite copine/un petit copain)? *Have you got a ...?*
4 Aimes-tu (les animaux)? *Do you like ...?*
5 Détestes-tu (l'eau froide)? *Do you hate ...?*
6 Fais-tu (de la planche à voile)? *Do you do ...?*
7 Voudrais-tu faire (du ski nautique)? *Would you like to go ...?*
8 Comment trouves-tu (les jeux vidéo)? *What do you think of ...?*

petit copain = *boyfriend*; petite copine = *girlfriend*

Interviewe un(e) partenaire et note les réponses.
Interview a partner and note down the answers.

D Reporting back: **Il/Elle ...** *He/She ...*

Copie et complète en changeant les mots entre parenthèses si nécessaire.
Copy and complete, changing the words in brackets if necessary.

Il/Elle est (anglais(e)).
Il/Elle est (bavard(e)).
Il/Elle a (une petite copine/un petit copain).
      n'a pas de (petite copine/petit copain).
Il/Elle a (un frère/une soeur).
      est (fils/fille) unique.
Il/Elle aime (les animaux).
      déteste (l'eau froide).
Il/Elle fait (de la planche à voile).
      ne fait pas (de planche à voile).
Il/Elle voudrait faire (du ski nautique).
      ne voudrait pas faire (de ski nautique).

7 Ma famille

A

B

C

Voici une photo de ma famille. Mon père s'appelle François. Il est boulanger. Ma mère s'appelle Chloé. Ma petite soeur s'appelle Camille. Elle a neuf ans. Ma soeur aînée s'appelle Charlotte. Elle est infirmière.

Richard

Voici une photo de ma famille. Ma mère s'appelle Jacqueline. Elle travaille dans un supermarché. Mon frère s'appelle Marc, il a quinze ans, et ma soeur s'appelle Nathalie. Elle a huit ans.

Gwenaëlle

Voici ma photo. Mon père s'appelle Jacques. Il travaille à la poste. Ma mère s'appelle Isabelle. Ma petite soeur a trois ans. Elle s'appelle Eloïse. Mon frère s'appelle Luc. Il a seize ans. Le chien s'appelle Boy.

Lucie

1 Lis: Ce sont les photos de qui? *Whose photos are they?*

Exemple: A, c'est la famille de ...

2 Ecoute: Qui parle? *Who is speaking?*

3 Ecoute: Ont-ils des frères (F) ou des soeurs (S)? (1–8)
Have they got any brothers or sisters?

Exemple: 1 2F

4 Parle: Qu'est-ce qu'on dit? *What do you say?*

J'ai	un frère une soeur	qui s'appelle ...	Il Elle	a ... ans
	deux frères deux soeurs	qui s'appellent ...	Ils Elles	ont ... et ... ans
Je n'ai pas de frère ou de soeur. Je suis fils/fille unique.				

5 Jeu d'imagination: voici ta famille. Comment s'appellent-ils?
Quel âge ont-ils? Comment sont-ils? Copie et complète.
Imagination game: this is your family. What are they called?
How old are they? What are they like? Copy and complete.

ennuyeux/euse	gentil(le)
bavard(e)	marrant(e)
intelligent(e)	stupide
sympa	timide

Ma mère s'appelle ... . Elle est ...
Mon père s'appelle ... . Il est ...
Mes frères s'appellent ... et ...
Ils ont ... et ... ans.
Mon grand frère est ...
et mon petit frère est ...
Ma soeur s'appelle ...
Elle a ... ans. Elle est ...
Mon chat s'appelle ...
Il est très gros!

6 Trouve les bonnes réponses. *Find the right answers.*

Exemple: 1 C

1 As-tu des frères ou des soeurs?
2 Comment s'appelle-t-elle?
3 Quel âge a-t-elle?
4 Elle est comment?
5 As-tu un animal?
6 Il est comment?

A Oui, un chien.
B Elle est marrante.
C J'ai une soeur.
D Il est gentil.
E Seize ans.
F Sophie.

Chez toi

Prépare et enregistre un petit résumé sur ta famille (ou sur une famille imaginaire).
Prepare and record a short report on your family (or an imaginary family).

Mon père/(grand/petit) frère/chat/chien s'appelle ... . Il a ... . Il est ...
Ma mère/(grande/petite) soeur s'appelle ... . Elle a ... . Elle est ...

8 Questions et réponses

1 Fais correspondre les questions et les réponses.
Match up the questions and the answers.

Tutoyer: *You use the* tu *form when speaking to someone your age or younger.*

Exemple: 1 F

1 Comment t'appelles-tu?
2 Quel âge as-tu?
3 Où habites-tu?
4 As-tu des frères ou des soeurs?
5 As-tu un animal?
6 Tu mesures combien?
7 Quelle sorte de personne es-tu?

A Non, je suis fille unique.

B Je suis bavarde et paresseuse.

C Un chat.

D 1,65 m.

E Seize ans.

F Samia.

G Paris.

2 Maintenant, remplis le formulaire pour Samia.
Now fill in the form for Samia.

NOM	*Samia.* . . . .
AGE	. . . .
DOMICILE	. . . .
FAMILLE	. . . .
TAILLE	. . . .
CARACTERE	. . . .

3 Lis le texte et remplis le formulaire pour Simon.
Read the text and fill in the form for Simon.

Je m'appelle Simon Dubarry. J'ai quinze ans et j'habite 15a, rue du Vieux-Moulin. J'ai deux soeurs et un frère et nous avons deux chiens. Je mesure 1,68 m et je pèse 68 kg. J'aime le sport. Je joue au foot, au basket et au tennis. Le soir, je sors avec mes copains. On joue aux jeux vidéo et on écoute de la musique. On s'amuse bien.

4 Copie et complète les questions. *Copy and complete the questions.*

1 _ _ _ _ _ _ _ tu t'appelles?

2 _ _ _ _ _ _ _ ça s'écrit?

3 _ _ _ _ âge as-tu?

4 _ _ _ _ _ _ est la date de ton anniversaire?

5 _ _ habites-tu?

6 _ _ - _ des frères ou des soeurs?

7 _ _ _ _ _ _ sorte de personne es-tu?

8 _ _ vas-tu après le collège?

9 _ _ ' _ _ _ - _ _ _ _ _ tu aimes faire le soir?

10 _ _ _ _ _ - _ _ écouter de la musique?

11 _ _ _ _ _ _ _ _ _ - _ _ le jus d'orange ou le coca?

12 Tu te lèves _ _ _ _ _ _ _ _ _ _ _ _ ?

A quelle heure?
Aimes-tu?
As-tu?
Comment?
Où?
Préfères-tu?
Quel/Quelle?
Qu'est-ce que?

5 Ecoute et vérifie. *Listen and check.*

6 Ecoute et note les réponses d'Olivier.
Listen and note down Olivier's answers.

7 Fais un portrait écrit d'Olivier.
Make a written portrait of Olivier.

Exemple: Olivier est ... . Il a ...
Il aime ... . Il préfère ...

8 **a** Prépare tes réponses.
Prepare your own answers.

b Interviewe ton/ta partenaire.
Interview your partner.

Chez toi
Fais un portrait écrit de ton/ta partenaire.
Make a written portrait of your partner.

(Mark/Janice) est ... . Il/Elle a ...

9 Hier 〰

Je fais mes devoirs.

J'ai fait mes devoirs.

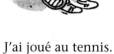

Je joue au tennis.   J'ai joué au tennis.

J'écoute de la musique.

J'ai écouté de la musique.

Je sors avec ma
petite copine.

Je suis sorti avec
ma petite copine.

1 Qu'est-ce que tu as fait? Fais une liste. *What have you done? Make a list.*

Exemple: (A) Je suis allé(e) au cinéma.

A   B   C   D   E   F   G   H   I   J   K   L   M

★	J'ai	fait	mes devoirs/du sport/de la natation
		joué	au tennis/au football/aux cartes
		écouté	de la musique
		mangé	au McDo
		regardé	la télé/une vidéo
		été	malade

	Je suis	allé(e)	au collège/au cinéma/en ville/chez mon copain
		rentré(e)	à la maison
		resté(e)	
		sorti(e)	avec ma copine/mon copain

2 Ecoute: Qu'est-ce qu'ils ont fait hier? (1–4)
What did they do yesterday?

Exemple: 1 H, F,...

hier   le matin   l'après-midi   le soir

3 **a** Et toi? Prépare tes réponses.
And you? Prepare your answers.

J'ai fait/joué/regardé/...
Je suis allé(e)/resté(e)/...

b Interviewe ton/ta partenaire. Note les réponses.
Interview your partner. Note down the answers.

Qu'as-tu fait hier matin? Et l'après-midi? Et le soir?

Il/Elle a fait/joué/regardé/...
Il est allé/resté/...
Elle est allée/restée/...

4 Trouve les bonnes réponses. *Find the right answers.*

Exemple: 1 C

1 Es-tu allée en ville hier?   A Non, je n'aime pas le foot.
2 As-tu déjà fait du ski?   B Non, je n'en ai pas mangé.
3 As-tu joué au foot hier?   C Oui, je suis allée en ville.
4 As-tu déjà fait du kayak?   D Oui, je l'ai vu. J'adore les films de science-fiction.
5 As-tu déjà mangé des escargots?   E Non, je n'ai pas fait de ski.
6 As-tu vu Voyage à Vénus?   F Non. Je n'aime pas l'eau froide!

5 **a** Ecoute: Qu'est-ce que Romain a fait? C'était comment? (1–7)
What has Romain done? What was it like?

Exemple: 1 en ville B

A (Super!)   B (Génial!)   C (Cool!)   D (Bof!)   E (Nul!)   F (Beurk!)

b Ecris le journal de Romain.

Exemple: Je suis allé en ville. C'était génial.

Chez toi
Prépare un petit résumé. Enregistre! *Prepare a short report. Record it!*

Hier, j'ai fait ... . Je suis allé(e) ...

Les voisins

Je m'appelle Robert. J'ai quinze ans. J'habite 16, rue des Marronniers. Mon copain Yann habite dans la maison d'à côté à gauche, au numéro 14. Il a deux petits frères: Bruno qui a huit ans et Martin qui a neuf ans. Ils jouent tout le temps dans le jardin. Ils sont un peu bêtes.

A droite, le numéro 18, c'est une petite maison. Il n'y a pas de garage et le jardin est petit. C'est la maison de Nathalie. Elle y habite avec sa mère et son chat. Elles sont arrivées il y a deux mois. Nathalie est très belle. Elle est grande, et elle a les cheveux longs et bruns et les yeux marron. Elle a quatorze ans, mais elle ne fréquente pas notre collège. Elle fréquente un collège en ville, le collège Rousseau. Elle a une copine, Daniella, qui est belle, elle aussi. Yann et moi passons beaucoup de temps sur nos bicyclettes dans la rue devant la maison. On cherche une excuse pour parler avec elles.

la maison d'à côté = *the house next door*	
tout le temps = *all the time*	
bête(s) = *stupid*	
il y a deux mois = *two months ago*	
fréquente = *goes to*	

A 1 At which number does Robert live?
2 Who lives next door on the left?
3 What do you know about them? (3 things)
4 Who lives on the right?
5 What do you know about their house? (2 things)
6 How long have they lived there?
7 Why does Robert not see Nathalie at school?
8 Why do Robert and Yann spend a lot of time on their bicycles in the street?

Nous avons une nouvelle maison depuis deux mois. La maison est très petite, mais elle est jolie. A droite, il y a une famille affreuse avec deux filles et un garçon qui font toujours du skate ou du patin à roulettes. A gauche, il y a une famille avec deux garçons. Le petit garçon joue toujours au foot avec ses copains. Son frère a quinze ans et il s'appelle Robert. Il a les cheveux châtains et les yeux marron. Il est mignon. Il passe beaucoup de temps sur sa bicyclette dans la rue avec son copain Yann. Ma copine Daniella veut parler avec Yann; moi, je préfère Robert.

depuis = *since*
mignon = *sweet*

B 1 What does Nathalie think of her neighbours on the right?
2 Who lives on the left?
3 What does Robert look like?
4 Who would Nathalie like to go out with?

 **Bilan**

Check that you can ...

1 talk about yourself. Say

• what you are called and spell it	Je m'appelle ...
• how old you are	J'ai ... ans.
• what you look like	J'ai les yeux ... et les cheveux ...
• how tall you are	Je suis grand(e)/petit(e). Je mesure ...
• where you live	J'habite ...
• how many brothers and sisters you have	J'ai ... soeur(s) et ... frère(s).
	Je n'ai pas de ...
• what you like doing in your free time	J'aime (faire/jouer) ...
• what you hate	Je déteste (faire/jouer) ...
• what you would like to try	Je voudrais (faire/jouer) ...
• what you prefer	Je préfère ...
• what you are like	Je suis intelligent(e), bavard(e) ...

2 interview a partner. Ask

• what his/her name is	Comment tu t'appelles?
• how old he/she is	Quel âge as-tu?
• how tall he/she is	Tu mesures combien?
• where he/she lives	Où habites-tu?
• how many brothers and sisters he/she has	As-tu des frères ou des soeurs?
• what he/she likes doing	Qu'est-ce que tu aimes faire?
• what he/she thinks of something	Comment trouves-tu ...?
• which of two things he/she prefers	Préfères-tu ... ou ...?
• what sort of person he/she is	Quelle sorte de personne es-tu?

3 report back. Say

• what his/her name is	Il/Elle s'appelle ...
• how old he/she is	Il/Elle a ... ans.
• what he/she looks like	Il/Elle a les yeux ... et les cheveux ...
• how tall he/she is	Il/Elle est grand(e)/petit(e).
• where he/she lives	Il/Elle habite ...
• how many brothers and sisters he/she has	Il/Elle a ... soeur(s) et ... frère(s).
• what he/she likes doing	Il/Elle aime (faire/jouer) ...
• what he/she thinks of something	Il/Elle trouve ...
• what he/she prefers	Il/Elle préfère ...
• what sort of person he/she is	Il/Elle est ...

4 make arrangements to meet. Ask

• where you are going	On va où?
• where you are going to meet	On se retrouve où?
• at what time	A quelle heure?

5 tell someone about your plans. Say

• where you are going	On va (en ville/au cinéma).
• where and when you are going to meet	On se retrouve (chez moi) à (18h).

6 talk about what has happened. Say

• what you have done	J'ai fait/regardé ...
• what you have played	J'ai joué au/à la/à l' ...
• where you have been	Je suis allé(e)/resté(e) ...

Contrôle révision

Stéphanie   Eric   Olivier   Louise

A Ecoute: Quel âge ont-ils?
Qu'est-ce qu'ils aiment faire? (1–4)

A   B   C   D   E   F   G   H

B Parle: Travaille avec un(e) partenaire.
Décris Stéphanie, Eric, Olivier ou Louise. Ton/Ta partenaire doit deviner qui c'est.

Il/Elle est grand(e)/petit(e)/de taille moyenne.
Il/Elle a les cheveux … et les yeux …
Il/Elle est sportif/ive; paresseux/euse; timide; bavard(e); …
Il/Elle aime …

C Lis: Comment s'appellent-ils? Quel âge ont-ils?

Je m'appelle Laurent. J'ai treize ans. Mes
parents s'appellent Maurice et Véronique.
J'ai deux soeurs, Aurélie qui a sept ans et
Louise qui a quinze ans. Mon frère a dix-sept
ans et il s'appelle Pierre. Mon grand-père
s'appelle Jean-Paul, il a soixante-douze ans.
Notre chien a trois ans. Il s'appelle Bill.

D Ecris une lettre à un(e) corres. Copie et complète.

Salut! Je m'appelle … . J'ai … . Je suis …
J'aime … et je n'aime pas …

Je voudrais faire

As-tu   ? Aimes-tu   ?

Mon monde à moi

① *Chez moi*

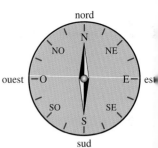

la boussole

1 C'est quel pays? Fais correspondre les noms de pays et les lettres.
Which country is it? Match up the names of the countries to the letters.

Allemagne
Belgique
Espagne
France
Grande-Bretagne
Italie
Pays-Bas
Suisse

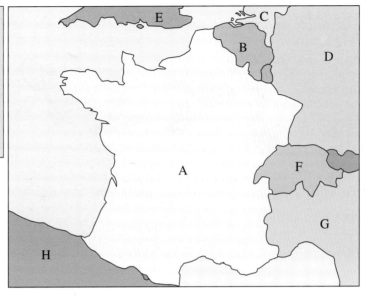

2 Ecoute et vérifie.

3 Ecoute: Où habitent-ils? (1–10)
Where do they live?

Exemple: 1 en Allemagne

en	Allemagne/Angleterre/Belgique/Ecosse/Espagne/France/Italie/Irlande
au	Japon/Pays de Galles/Canada
aux	Pays-Bas/Etats-Unis

4 Ils sont de quelle nationalité? Devine. *What nationality are they? Guess.*

Il est	allemand/américain/belge/écossais/espagnol/français/hollandais/italien/japonais/suisse
Elle est	allemande/américaine/belge/écossaise/espagnole/française/hollandaise/italienne/japonaise/suisse

5 Ecoute et vérifie.

6 Ecris: Fais la liste des concurrents. *List the contestants.*

Exemple: Il/Elle est (français(e)) et habite (en France).

7 **a** Ecris: Choisis une personnalité et complète.
Choose a personality and complete.

Exemple: Je m'appelle (Sylvester Stallone).
Je suis (américain).
J'habite (aux Etats-Unis).

b Interviewe ton/ta partenaire.
Vouvoyez! *Use the* vous *form!*

Comment vous appelez-vous?
Vous êtes de quelle nationalité?
Où habitez-vous?

c Copie et complète.

Il/Elle s'appelle ...
Il/Elle est ...
Il/Elle habite en/au/aux ...

8 Et toi? Copie et complète.

Je m'appelle ...		
Je suis anglais(e)/australien(ne)/écossais(e)/gallois(e)/irlandais(e)		
J'habite à	Hull/Sydney/Edimbourg/Cork Cardiff	en Angleterre/Australie/Ecosse/Irlande au Pays de Galles
J'habite dans	le nord/le sud/l'est/ l'ouest/le centre	de l'Angleterre/de l'Australie/... du Pays de Galles

9 Copie le texte et remplis les blancs.

banque	français
chaud	Marc
l'Espagne	parents
l'espagnol	

Je m'appelle .... Je suis .... , mais j'habite à Séville, dans le sud de .... Mes .... travaillent en Espagne. Ils sont employés de .... J'aime habiter en Espagne, parce qu'il fait .... Je vais au collège international et j'apprends ....

Chez toi

Présente-toi. Apprends par coeur. *Introduce yourself. Learn it by heart.*

Je m'appelle ... . Je suis (nationalité). J'habite à ..., en/au ...

② *J'habite à la campagne*

1 Où habitent-ils? *Where do they live?*
Fais correspondre les mots et les images.

à la campagne
dans la forêt
au bord de la mer
à la montagne
au bord de la rivière

2 Ecoute: Où habitent-ils? (1–8)

Exemple: 1 C

3 Ecris: Fais une liste.

Exemple: Le numéro un habite ...

4 Qu'est-ce qu'il y a à la campagne? *What is there in the country?*
Fais correspondre les mots et les images.

1 un bois
2 des champs
3 une colline
4 une église
5 une ferme
6 des fleurs
7 une forêt
8 un lac
9 des montagnes
10 un village
11 une rivière

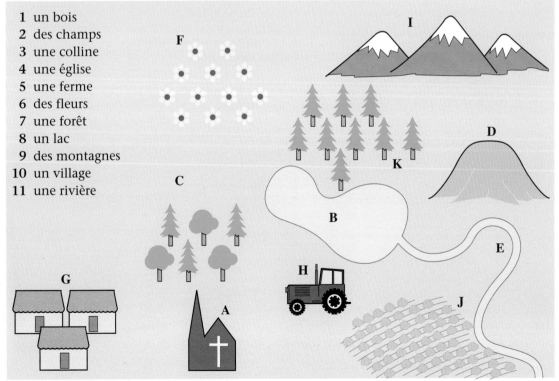

5 Ecoute: Qu'est-ce qu'il y a près de chez eux? (1–5)
What is there near where they live?

Exemple: 1 G, E, ...

6 Ecoute: Ils aiment y habiter parce que/qu' ... (1–5)
They like living there because ...

A ... en été il fait chaud.

B ... en hiver il neige.

C ... c'est tranquille.

D ... on peut nager.

E ... on peut faire du ski.

F ... on peut faire des balades.

7 Choisis une personne et écris quatre phrases.

Exemple: Il/Elle habite (à la campagne).
Il y a (des champs et des bois).
Il n'y a pas de (lac).
Il/Elle aime y habiter parce qu'en été/hiver il ... et on peut ...

8 Lis le texte et choisis la bonne réponse.

> J'habite dans un petit village qui s'appelle Chapelle-La-Forêt.
> Il y a des collines autour du village, une rivière et un petit lac
> où on va nager quand il fait chaud. Il y a aussi une petite
> église et une ferme, mais il n'y a pas de cinéma. J'aime y
> habiter, parce qu'en hiver il neige et on peut faire du ski.
> Romain

1 Romain habite **a** à la montagne **b** à la campagne.
2 Il y a beaucoup **a** d'arbres **b** de rivières.
3 Romain **a** aime **b** n'aime pas nager.
4 Dans le village il y a **a** une église et un cinéma **b** une ferme et une église.
5 En hiver il fait **a** froid **b** du brouillard.

Chez toi
Jeu d'imagination: tu habites à la campagne. Prépare et enregistre une petite présentation.
Imagination game: you live in the country. Prepare and record a short presentation.

3 J'habite en ville

1 A deux: Brainstorming. Qu'est-ce qu'il y a dans une ville?
En trois minutes, écris le nom de ces endroits en ville.
In three minutes, write the names of these places in town.

l'aub_ _ _ _ _ _ _ _ _ _ _ _ _ _   l'hô_ _ _   la pl_ _ _
la ban_ _ _   l'hô_ _ _ _ _ _ _ _ _   le po_ _
le ca_ _   le ja_ _ _ _ _ _ _ _ _   la pos_ _
le châ_ _ _ _   le mag_ _ _ _   le res_ _ _ _ _ _ _
le ci_ _ _ _   le mar_ _ _   le st_ _ _
le com_ _ _ _ _ _ _ _ _ _ _ _ _ _ _   le M_ _ _   le sup_ _ _ _ _ _ _
l'é_ _ _ _ _   le mu_ _ _   le sy_ _ _ _ _ _ _'_ _ _ _ _ _ _ _ _
la g_ _ _   le par_ _ _ _   le th_ _ _ _ _
l'hôp_ _ _ _   la pi_ _ _ _ _

2 Ecoute et vérifie. Coche les mots dans ta liste.
Tick the words in your list.

3 Ecoute: Où vont-ils? (1–10)
Where are they going?

Exemple: 1 C

4 Ecoute: C'est loin ou ce n'est pas loin? (1–10)
Is it far or not?

Exemple: 1 C

5 Ecris: Où vont-ils? Fais une liste.

Exemple: Le numéro un va au/à l'/à la ... .
C'est/Ce n'est pas .../Il faut ...

masculin	féminin
le/l'	la/l'
au café/à l'hôtel	à la poste/à l'église

6 Jeu de rôles: Au syndicat d'initiative

● Bonjour, monsieur/madame.
▲ Bonjour. Il y a une piscine/un cinéma près d'ici?
● Ah non, il n'y a pas de ... près d'ici.
▲ La gare/L'arrêt de bus est près d'ici?
● Oui, c'est à deux minutes à pied.
▲ Pour aller à l'hôtel/au supermarché, s'il vous plaît?
● C'est loin. Il faut prendre le bus.
▲ La poste/La banque est près d'ici?
● C'est à deux/cinq minutes d'ici.
▲ Merci. Au revoir.

7 Et chez toi? Complète les phrases.

Le supermarché	est	à ... minutes (à pied).
Le centre-ville		loin. Il faut prendre le bus.
La banque		tout près.
Le cinéma		
Le café		
Le stade		
Il n'y a pas de ... près de chez nous.		

8 Lis le texte et réponds aux questions.

> J'habite en ville. Je vais au collège à pied. Pour aller au centre-ville, il faut prendre le bus. Près de chez nous, il y a une boulangerie, une boucherie, un tabac, une pharmacie et un fleuriste. Il y a un marché sur la place le mardi matin et un marché aux puces le samedi.
>
> René

1 Where does René live?
2 How does he get (a) to school and (b) to the town centre?
3 What shops are there near his home?
4 Which day is market day?
5 When is there a second-hand market?

MINI-TEST 3

1 Can you tell someone ...?
  a what nationality you are
  b which country you live in
  c what there is/isn't where you live
  d if something is near or far

2 Can you ask someone ...?
  a What nationality are you?
  b Where do you live?
  c Is there a (river/hospital)?
  d Is (the bus stop) near here?

Mon pays

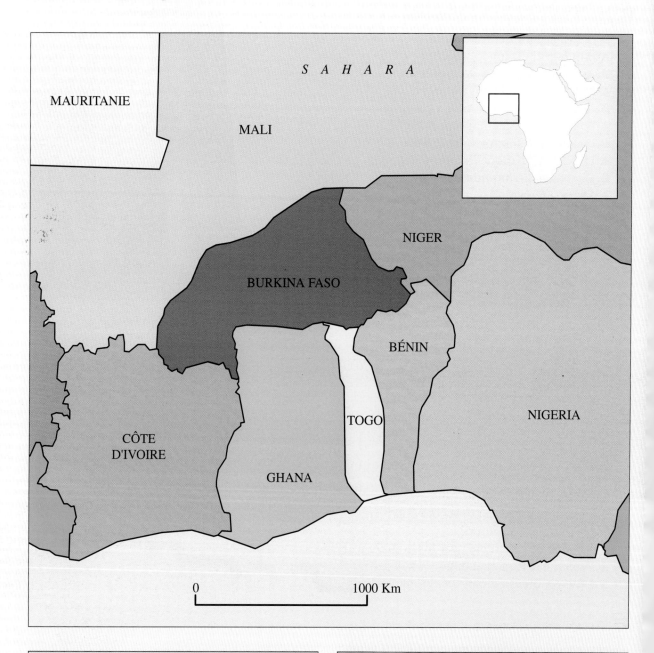

PAYS:	**Burkina Faso**
CONTINENT:	Afrique
CAPITALE:	Ouagadougou
HABITANTS:	9 000 000
CLIMAT:	tropical
LANGUE OFFICIELLE:	français

PAYS:	**France**
CONTINENT:	Europe
CAPITALE:	Paris
HABITANTS:	57 000 000
CLIMAT:	tempéré
LANGUE OFFICIELLE:	français

A   C'est en Afrique ou en Europe?

les arbres/palmiers
la circulation
le collège
l'église/la mosquée
les magasins
les pêcheurs
la rivière
la ville

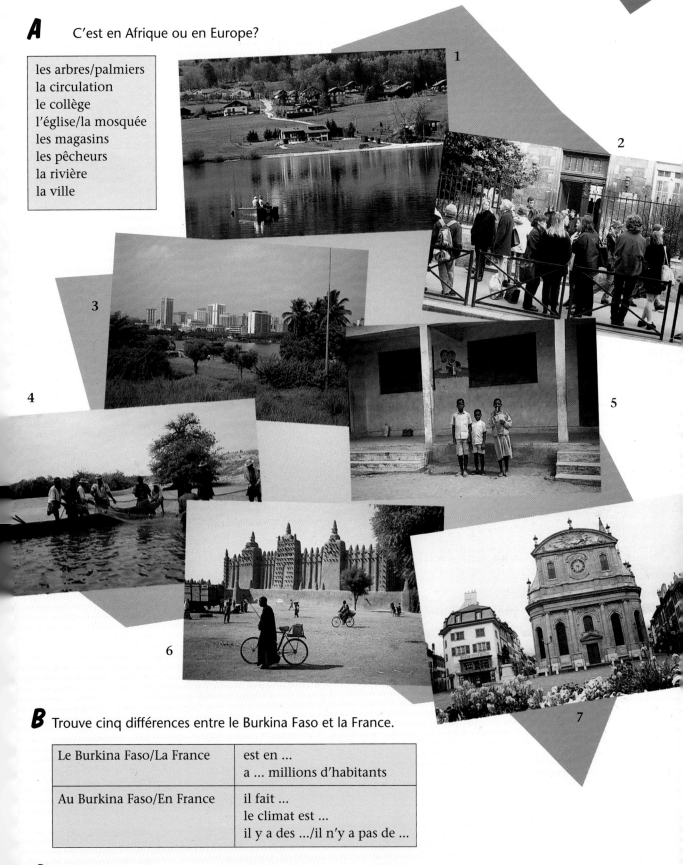

B   Trouve cinq différences entre le Burkina Faso et la France.

Le Burkina Faso/La France	est en ... a ... millions d'habitants
Au Burkina Faso/En France	il fait ... le climat est ... il y a des .../il n'y a pas de ...

C   Which would you prefer to visit, Burkina Faso or France? Why?

4 La météo

1 Quel temps fait-il? *What is the weather like?*
Fais correspondre les images et les mots.

1 il pleut
2 il y a du soleil
3 il neige
4 il y a du vent
5 il y a du brouillard
6 il y a des orages
7 il fait chaud
8 il fait froid
9 il gèle

A
B
C
D
E
F
G
H
I

2 Ecoute: Quel temps fait-il? (1–7)

Exemple:
1 B (il fait chaud)

3 a Ecoute la météo. (1–6)
Listen to the weather forecast.

b Ecris la météo.

Exemple:
Dans le nord, il y a des orages.

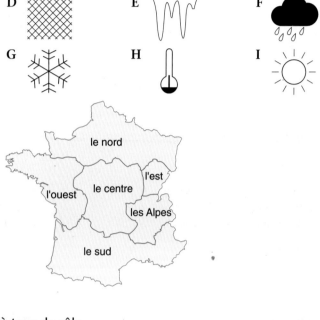

le nord
l'est
l'ouest le centre
les Alpes
le sud

4 Parlez à deux. Posez les questions à tour de rôle.

1 Quel temps fait-il dans le nord?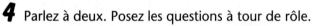

5 Quel temps fait-il dans le centre?

2 Quel temps fait-il dans le sud?

6 Quel temps fait-il dans les Alpes?

3 Quel temps fait-il dans l'est?

7 Quel temps fait-il chez nous?

4 Quel temps fait-il dans l'ouest?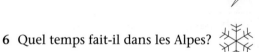

5 Quel temps fait-il en Australie?
Ecris et enregistre la météo.

Exemple:
Dans le nord, il ...
En montagne, il ...

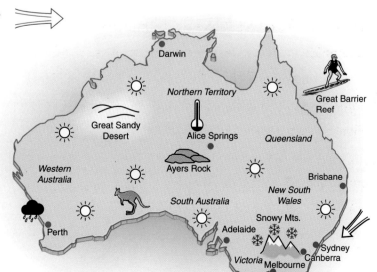

Darwin
Northern Territory
Great Barrier Reef
Great Sandy Desert
Alice Springs
Queensland
Ayers Rock
Western Australia
Brisbane
New South Wales
South Australia
Snowy Mts.
Adelaide
Sydney
Victoria
Melbourne
Canberra
Perth

6 a Lis le texte et réponds aux questions.

Les quatre saisons sont: l'hiver, le printemps, l'été et l'automne.

Chez nous en Guadeloupe il n'y a pas de vraies saisons. Il fait toujours chaud et nous avons une saison des pluies où il pleut beaucoup et il y a des orages. Je n'ai jamais vu de neige.

Maurice

b A deux: A tour de rôle, posez des questions, ou répondez.

Chez Maurice

1 Comment s'appellent les quatre saisons?
2 Où habite Maurice?
3 Quel temps fait-il chez lui?

Chez vous

4 Quel temps fait-il aujourd'hui?
5 Quel temps fait-il en été?
6 Quel temps fait-il en hiver?

c Ecris tes réponses.

7 Ecoute: Quelle saison préfèrent-ils? Pourquoi? (1–4)

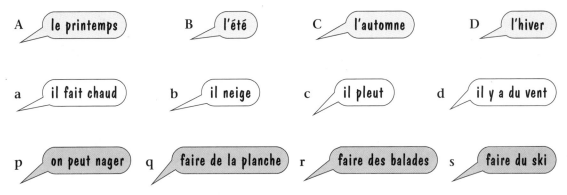

A le printemps B l'été C l'automne D l'hiver

a il fait chaud b il neige c il pleut d il y a du vent

p on peut nager q faire de la planche r faire des balades s faire du ski

8 Et toi: Quelle saison préfères-tu? Pourquoi?

Exemples: Je préfère le printemps parce qu'il y a du soleil.
Je n'aime pas l'hiver parce qu'il fait froid.

9 Interviewe ton/ta partenaire et note les réponses.

Quelle saison préfères-tu? Pourquoi?

Chez toi
Trouve cinq mots pour chaque saison.

Exemple: l'hiver: le froid, les gants, …

5 La maison

1 C'est quelle sorte de maison? *What sort of house is it?*
Fais correspondre les mots aux images.

un chalet	un immeuble
un château	une maison
une ferme	une villa

A    B    C    D    E   F

2 Ecoute et vérifie.

3 **a** Ecoute: Où habitent-ils? (1–6)
Where do they live?

Exemple: 1 D, d

a en banlieue   **b** à la montagne   **c** dans un lotissement

 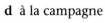      

d à la campagne   **e** en ville   **f** dans un village

b Ecris les réponses.

Exemple: Il/Elle habite dans (une grande maison) à la/en/dans …

4 Ecoute: Habitent-ils près du collège? Comment vont-ils au collège?
Do they live near school? How do they get to school?

Exemple: Vincent, à 2 min, à pied

| Vincent | Emilie | Charlotte | Mathieu | Pascal |

| loin | à deux minutes | tout près | assez loin | à vingt minutes |

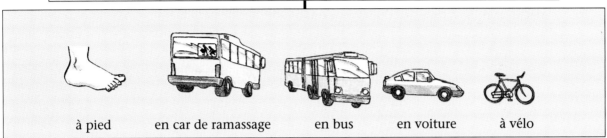

à pied   en car de ramassage   en bus   en voiture   à vélo

5
a Copie les questions et écris tes réponses.

Habites-tu près du collège?   J'habite ...
Comment vas-tu au collège?   Je vais au collège ...

b Interviewe ton/ta partenaire et note les réponses.

Il/Elle habite ... et va au collège ...

6 Lis le texte et choisis la bonne réponse.

> *Chez moi, c'est petit. La maison est toute neuve. Nous avons un petit jardin. Il y a une cave et un garage sous la maison. J'habite dans un lotissement près d'un village. Pour aller au collège, il faut prendre le car de ramassage qui passe à 7h10. J'aime la maison, mais elle est très loin du collège.*
> *Céline*

1 La maison de Céline est **a** vieille **b** neuve.
2 Au sous-sol il y a **a** un garage **b** un lotissement.
3 Le jardin est **a** grand **b** petit.
4 Elle habite **a** dans un village **b** près d'un village.
5 La maison est **a** près **b** loin du collège.
6 Elle va au collège **a** à vélo **b** en car.

Chez toi

Et toi? Où habites-tu? Ecris quelques lignes. *Write a few lines.*

J'habite dans un/une ... dans/en/à la/ ...
La maison est grande/petite/neuve/moderne/vieille.
L'appartement est grand/petit/neuf/moderne/vieux.
Elle/Il est loin/tout près/à ... du collège, et je vais au collège ...

⑥ Le plan de la maison

1 C'est quelle pièce? Fais correspondre les mots aux pièces.
Which room is it? Match up the words and the rooms.

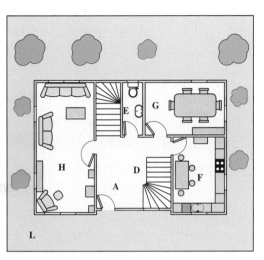

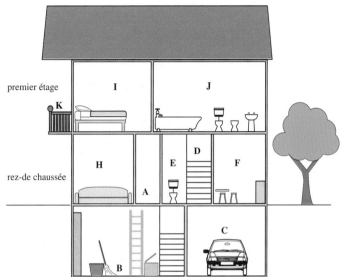

1 le balcon
2 la cave
3 la chambre
4 la cuisine

5 l'entrée
6 l'escalier
7 le garage
8 le jardin

9 la salle à manger
10 la salle de bains
11 la salle de séjour/le salon
12 les W.-C.

2 Ecoute et vérifie.

3 Ecoute: Ils sont dans quelle pièce? *Which room are they in?*

Exemple: 4 C

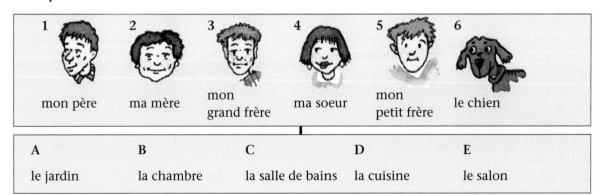

A	B	C	D	E
le jardin	la chambre	la salle de bains	la cuisine	le salon

4 Ecris: Fais une liste.

Exemple: Son père est dans ...
Sa mère ...

5 La famille Bertrand déménage. Elle cherche un appartement en ville. Lis les annonces.
The Bertrands are moving. They are looking for a flat in town. Read the advertisements.

Ventes

Appartements

1 Appt récent 85m², 3 chs, cuis amén, sdb, wc, park. 350 000F. Tél. 32.94.60.

2 Appt joli banliue sud, calme, séj 35m², 4 chs, gge. 450 000F. Tél. 32.49.78 soir.

3 ST ETIENNE Appt neuf bon état, 90m², 4 chs, 2 sdb, gd balcon. 420 000F. Tél. 32.18.65.

4 Appt neuf, calme, pr centre, 4 chs, gd séjour, cuis amén, 2 sdb, park, gardien. 600 000F. Tél. 32.15.48.

5 CENTRE-VILLE Appt neuf 4 chs, 2 sdb, gd séj 40m², balcon, terrasse. 480 000F. Tél. 32.80.37.

6 Appt joli, imm ancien, gde cuis, 4 chs, séj, sdb, douche, pr gare. 400 000F. Tél. 32.46.75.

amén = aménagé(e)	gge = garage
appt = appartement	imm = immeuble
sdb = salle de bains	park = parking
ch = chambre	pr = près de
cuis = cuisine	séj = séjour
gd(e) = grand(e)	

6 **a** Ecoute: Comment trouvent-ils les appartements? (1–6)
What do they think of the flats?

Exemple: 1 trop petit

cher	joli	petit
grand	moderne	vieux

b Quel appartement convient? *Which flat is suitable?*

7 Ecris: Fais une description de ta maison/ton appartement et enregistre-la.
Write a description of your house/flat and record it.

La maison est	vieille/moderne/grande/petite/jolie/...
L'appartement est	vieux/moderne/grand/petit/joli/...
Il y a	un/deux/trois étage(s) une/deux/trois chambre(s) un (grand) jardin/un garage/une cave
Il n'y a pas de	jardin/garage/cave

MINI-TEST 4

1 Can you tell someone ...?
  a what the weather is like
  b which season you prefer and why
  c what sort of house/flat you live in and where it is
  d what rooms there are
  e if you live near school
  f how you get to school

2 Can you ask someone ...?
  a What is the weather like?
  b Which season do you prefer?
  c Where do you live?
  d Is there a ...?
  e Do you live near school?
  f How do you get to school?

Rendez-vous 2 Mon monde à moi

A Les noms: singulier *Nouns: singular*

> In French all nouns (things) are masculine or feminine.
> Masculine words are often referred to as **le** words and feminine words as **la** words.

▶ **Le** ou **la**? Copie et complète.
(Look up the words you don't know.)

1 ... banque	6 ... collège	11 ... marché
2 ... café	7 ... cuisine	12 ... piscine
3 ... chambre	8 ... gare	13 ... plage
4 ... château	9 ... jardin	14 ... pont
5 ... cinéma	10 ... maison	15 ... rue

> In front of words which begin with a vowel and most of
> the words which begin with the letter h, you use **l'**.

▶ How many examples can you think of?

1 2 3 4 5 6

> If you want to say 'a' instead of 'the', you use **un** with le words and **une** with la words.

▶ Copie et complète:

J'habite dans ... chalet, ... ferme, ... appartement, ... maison, ... villa, ... château.

B Les noms: pluriel *Nouns: plural*

> In front of plural nouns you use **les**.

▶ Fais une liste.

1  2  3  4  5  6

7 8 9  10 11  12

> To say 'some' in front of plural words, you use **des**.

Fais une liste.

Chez nous il y a ... champs, ... maisons, ... fermes, ... rivières, ... collines, ... lacs et ... forêts.

> To make the plural of most nouns you add **-s**.

Copie et complète.

J'ai deux soeur..., trois frère..., deux chien... et deux chat... .

une église – deux église...   une rivière – deux ...   un restaurant – trois ...   un hôtel – quatre ...
un lac – trois ...   un magasin – quatre ...   un cinéma – deux ...   un café – trois ...

> Some words make their plural by adding **-x**.

Copie et complète.

un gâteau – des ....   un bateau – trois ....   l'oiseau – les ....   le cadeau – les ....

> Some words which end in **-al** lose the **-l** and add **-ux**.

Copie et complète.

un journal – trois ....   le cheval – les ....   un animal – des ....   l'hôpital – des ....

C Mon monde à moi: Mots-clés *My world: Key words*

Make a list of words and phrases that would be useful for talking about where you live.

La maison	est neuve/vieille/grande/petite/jolie/moderne/...
L'appartement	est neuf/vieux/grand/petit/joli/moderne/...
Il/Elle est	en ville/au bord de la mer/en banlieue/à la campagne/...
Chez nous il y a	un bois/une église/des champs/des magasins/...
J'habite	loin/près/à ... minutes du collège.
Je vais au collège	en car de ramassage/à pied/...
Dans la maison il y a	une cave/un salon/trois chambres/...

7 Dans la maison

1 C'est quel meuble? *Which piece of furniture is it?*
Fais correspondre les mots aux images.

1 une armoire
2 un buffet
3 un canapé
4 une chaise
5 une commode
6 une cuisinière
7 une étagère
8 un fauteuil
9 un frigo (frigidaire)
10 une lampe
11 un lave-vaisselle
12 un lit
13 une machine à laver
14 un placard
15 une table
16 un tabouret
17 une télé(vision)

2 Ecoute et vérifie.

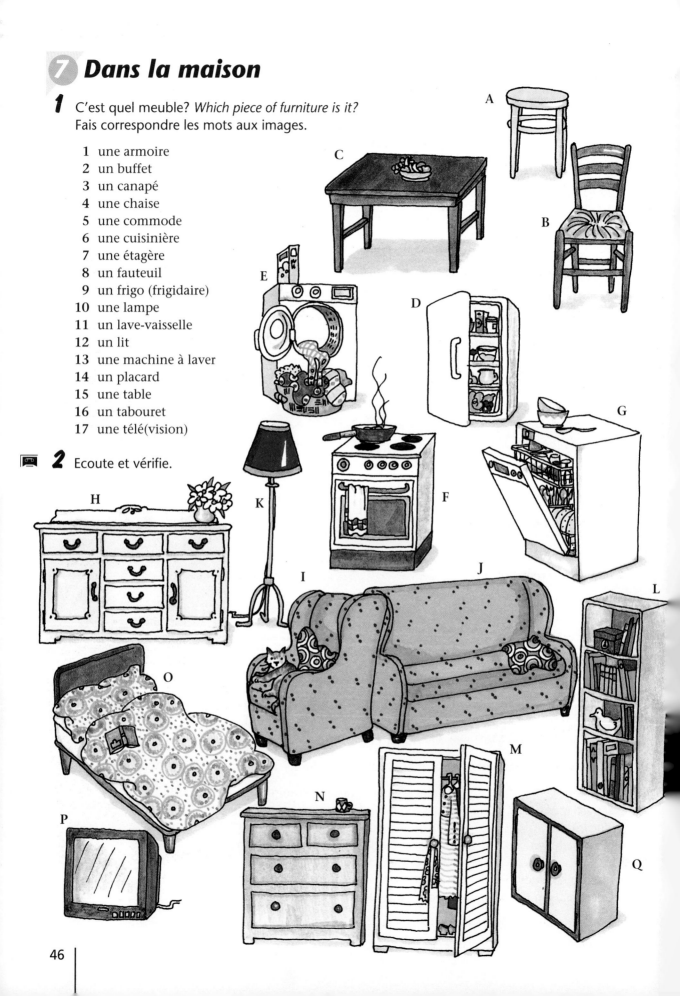

46

3 Ecoute: Quelle chambre préfèrent-ils? Pourquoi? (1–6)

Exemple: 1 D d, c

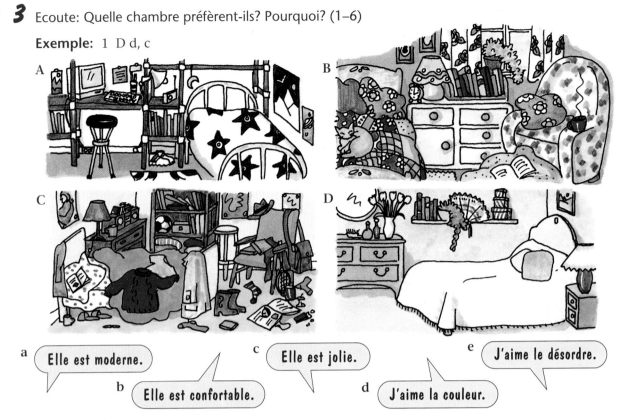

a **Elle est moderne.**

b **Elle est confortable.**

c **Elle est jolie.**

d **J'aime la couleur.**

e **J'aime le désordre.**

4 Ecris: Quelle chambre préfères-tu? Pourquoi?

Exemple: Je préfère la chambre … parce que …

5 Trouve quelqu'un qui préfère la même chambre. Est-ce qu'il/elle donne la même raison?
Find someone who has chosen the same room. Does he/she give the same reason?

Pose les questions: Quelle chambre préfères-tu? Pourquoi?

6 Lis le texte et réponds aux questions.

1 What colour are the walls?
2 What does Marc keep on the shelves? (3 things)
3 Where does he keep his clothes?
4 Has he got a television or a computer in his room?
5 How often does he have to tidy his room?

> Ma chambre est assez petite. Dans ma chambre, les murs sont vert pâle et la porte et la fenêtre sont blanches. J'ai un lit, une table où je fais mes devoirs, une chaise, des étagères pour mes livres et pour les magazines et CD, et une armoire et une commode pour ranger mes vêtements. Je n'ai pas de télé, mais j'ai un ordinateur. J'ai des posters et des photos sur les murs. Je dois ranger ma chambre une fois par semaine.
> Marc

7 Ecris: Fais une description de ta chambre.

Ma chambre est …
Dans ma chambre il y a …
Je n'ai pas de …

Chez toi

Enregistre la description de ta chambre, ou fais une description de ta chambre de rêve.
Record the description of your room, or describe your ideal room.

Ma chambre de rêve est (grande). Dans la chambre il y a …

8 J'habite ...

Amiens
Basse-Terre
Dédougou
Le Lavandou
Morzine

1 A deux. C'est quelle ville? C'est dans quel pays? Devinez!
Which town is it? Which country is it in? Guess!

2 Ecoute et vérifie.

3 Ecris: Fais une liste.

Exemple: A, c'est ... en/au ..., en/aux/dans ...

Au Burkina Faso, en Afrique
En France, dans le nord
En France, dans le sud
En France, dans les Alpes
En Guadeloupe, aux Antilles

4 Ecoute: Qu'est-ce qu'il y a?

Exemple: Amiens A, F, ...

A une cathédrale   **B** une mosquée   **C** une plage   **D** des montagnes

E des palmiers   **F** une rivière   **G** un marché   **H** une forêt   **I** un volcan

5 Ecris: Fais deux listes.

A ... il y a ...
et chez nous il y a ...

6 Lis le texte et réponds aux questions.

J'habite à Basse-Terre en Guadeloupe. Près de chez nous il y a un volcan qui s'appelle la Soufrière. Il est souvent couvert de nuages. La ville est au bord de la mer. Dans la ville, il y a des magasins et un marché où on vend des fruits et des épices. En Guadeloupe on cultive les bananes et la canne à sucre et on fait du rhum. Le climat est tropical. Normalement, il fait chaud et beau, mais nous avons une saison des pluies où il pleut beaucoup et il y a des orages.

Marie-Claire

la canne à sucre

1 Where does Marie-Claire live?
2 What is la Soufrière?
3 Where is the town?
4 What is there in the town?

5 What do they grow on the island?
6 What do they use to make rum?
7 What is the weather usually like?
8 When do they have storms?

Chez toi
Rédige un dépliant sur une ville imaginaire.
Put together a brochure about an imaginary town.

La ville de ...

Douze gestes verts

Douze gestes verts pour protéger l'environnement

A B C D

E F G H

I J K L

1 Fais correspondre les légendes aux images. *Match up the captions to the pictures.*

1 Roulez moins vite.
2 Récupérez les boîtes en métal.
3 Utilisez des sacs en coton (au lieu de sacs en plastique).
4 Baissez le chauffage.
5 Ne cueillez pas les fleurs sauvages.
6 Eteignez la lumière.

7 Plantez un arbre.
8 Recyclez les bouteilles.
9 Jetez les ordures à la poubelle.
10 Economisez l'eau: fermez les robinets.
11 Prenez le vélo (pas la voiture).
12 N'utilisez pas les aérosols aux gaz CFC.

2 Ecoute: Que font-ils? (1–10)

Exemple: 1 C

3 Choisis un geste vert et dessine un poster.
Choose an environmental action and design a poster.

4 Regarde la photo du centre de recyclage. Où est-ce que tu mets ...?
Look at the photo of the recycling centre. Where would you put ...?

Exemple: Je mets (les magazines) dans le conteneur de (papier).

le plastique ...

tetra pak ...

le papier ...

le métal ...

le verre ...

les magazines

les pots de yaourt

les sacs en papier

les bouteilles

les sacs en plastique

les boîtes de conserve

les briques de jus

les pots de confiture

les journaux

Chez toi

Et chez toi? Qu'est-ce qu'on recycle? Fais une liste.
And at home? What do you recycle? Make a list.

Chez nous, on recycle ...

Un village en Afrique

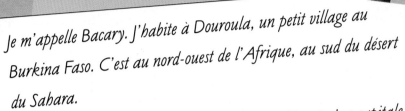

Je m'appelle Bacary. J'habite à Douroula, un petit village au Burkina Faso. C'est au nord-ouest de l'Afrique, au sud du désert du Sahara.

Le Burkina Faso a environ neuf millions d'habitants. La capitale s'appelle Ouagadougou. Les habitants du Burkina Faso s'appellent les Burkinabés. Douroula est jumelé avec la ville de Besançon en France. Un groupe d'étudiants de Besançon est venu planter des arbres chez nous.

environ =	*about*
habitants =	*inhabitants*
jumelé(e) =	*twinned*
étudiants =	*students*
est venu =	*has come*

J'ai neuf frères et sept soeurs. Mon père a quatre femmes. Nous avons cinq vaches et deux ânes. Mon père et mes frères travaillent dans les champs. Après l'école, je dois aller chercher du bois pour faire le feu et m'occuper des animaux.

femme =	*wife*
vache =	*cow*
âne =	*donkey*
après =	*after*
je dois aller chercher =	*I have to go and look for*
bois =	*wood*
feu =	*fire*
m'occuper de =	*to look after*

Il n'y a pas de magasins à Douroula, mais il y a un marché où l'on peut acheter de la viande, des fruits et des légumes. Si l'on veut acheter des vêtements, il faut aller en ville, à Dédougou, mais c'est difficile parce qu'il n'y a pas de bus.

acheter =	*to buy*
la viande =	*meat*
il faut =	*you have to*

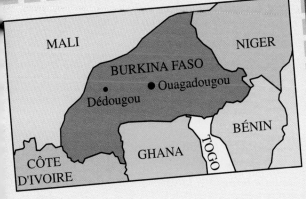

Remplis les fiches.

MALI

NIGER

BURKINA FASO
● Ouagadougou
● Dédougou

BÉNIN

CÔTE
D'IVOIRE

GHANA

TOGO

PAYS:

Continent:

Capitale:

Population:

Nom des habitants:

NOM:

Village:

Ville jumelée:

Famille:

Animaux:

Loisirs:

Bilan

Check that you can ...

1 talk about where you live. Say

- what nationality you are — Je suis anglais(e)/écossais(e)/...
- which country you live in — J'habite en/au/aux...
- and which part of the country — J'habite dans le nord/le sud/l'est/l'ouest/le centre de ...
- what sort of house you have — J'habite dans une maison/un immeuble/une ferme/...
- where it is — J'habite en ville/dans la banlieue/à la campagne/...
- what there is/isn't near your home — Il y a des champs ... Il n'y a pas de magasins ...
- if something is far — C'est loin/Ce n'est pas loin d'ici.
  C'est à ... minutes.
- if you live near school — J'habite près/loin/à deux minutes du collège.
- how you get to school — Je vais au collège en car de ramassage/en voiture/à pied/...

2 ask about where someone lives. Ask

- what nationality he/she is — Tu es de quelle nationalité?
- where he/she lives — Où habites-tu?
- what there is nearby — Il y a un hôpital près d'ici?
- if something is near/far — L'arrêt de bus est près/loin d'ici?
- if he/she lives near school — Habites-tu près du collège?
- how he/she gets to school — Comment vas-tu au collège?

3 talk about the weather.

- Say what the weather is like — Il fait beau/chaud/...
  Il pleut/neige/...
  Il y a du soleil/du vent/...
- Say which season you prefer and why — Je préfère le printemps/l'été/l'automne/l'hiver, parce qu'il fait chaud/parce qu'on peut ...
- Ask what the weather is like — Quel temps fait-il (dans le nord)?
- Ask which season someone prefers and why — Quelle saison préfères-tu?
  Pourquoi?

4 describe your home. Say

- what your house/flat is like — La maison est moderne/vieille/grande/...
  L'appartement est moderne/vieux/grand/...
- what rooms etc. there are/aren't — Il y a une salle de bains, un jardin, trois chambres ...
  Il n'y a pas de balcon/cave/...
- what furniture there is — Il y a une cuisinière, un lave-vaisselle, des chaises ...
- what there is and what there isn't in your own room — Dans ma chambre il y a une étagère ...
  Je n'ai pas de télé ...
- what sort of room you prefer and why — Je préfère la chambre moderne, parce qu'elle est chic.

5 talk about ways of protecting the environment.

- Suggest what people can do — Economisez l'eau.
  Eteignez les lumières.
- Say what you recycle — Chez nous, on recycle les bouteilles, ...

Contrôle révision

A Ecoute: Où habitent-ils? (1–6)
Trouve la bonne image et la bonne phrase.

Gilles   Aurélie   Ludovic   Céline   Virginie   Pierre

A   B   C   D   E

1 un chalet à la montagne	4 une maison au bord de la mer
2 un immeuble en ville	5 une ferme à la campagne
3 une villa en banlieue	

B Parle: Travaille avec un(e) partenaire.

● Où habite (Gilles)?
▲ Il/Elle habite dans (un immeuble en ville). Où habite ...?

C Lis: Qu'est-ce qu'il y a à Dorville?

Près de chez nous, il y a une boulangerie, une boucherie, une pharmacie, une poste et un tabac. Il n'y a pas de banque ou de supermarché. Pour aller au supermarché, il faut aller en ville.

A   B   C

D   E   F

G   H   I

D Ecris: Qu'est-ce qu'il y a à Nelstown? Fais une liste.

Bien dans ma peau

1 De la tête aux pieds

1 Brainstorming: Combien de parties du corps peux-tu nommer en quatre minutes?
How many parts of the body can you name in four minutes?

le br_s/les br_s

le c_rps

le d__gt/les d__gts

les d__gts d_ p__d

le d_s

les _p__l_s

les f_ss_s

le g_n__/les g_n__x

la j_mb_/les j_mb_s

la m__n/les m__ns

le p__d/les p__ds

la t_t_

le v_ntr_

2 Ecoute et vérifie.

3 "Jacques a dit ..." Qu'est-ce qu'il a dit?
"Simon said ..." What did he say?

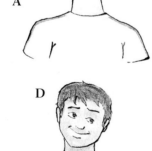

1 Tirez la langue!
2 Haussez les épaules!
3 Fermez les yeux!
4 Ouvrez les yeux!

5 Frappez des mains!
6 Touchez-vous les genoux!
7 Allongez les bras!
8 Touchez-vous les cheveux!

9 Souriez!
10 Touchez-vous le nez!

4 Ecoute: Joue au jeu "Jacques a dit ..."

5 C'est pour quelle partie du corps?

Exemple: A, c'est pour les ...

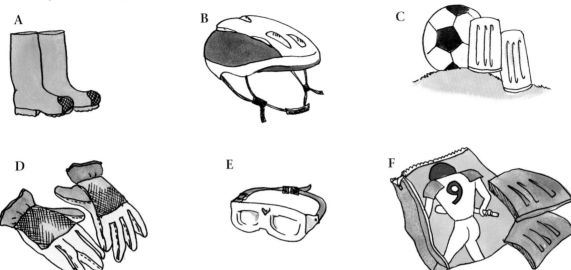

A B C

D E F

6 What sort of person should use each of these products?

1 Hypo-allergénique anti-desséchant Peau Soin complet Pour les mains et les ongles

2 Lotion corps super-hydratante DERMA Spéciale Peaux Sèches

4 CRÈME ANTI·SEPTIQUE ANTI·BOUTONS Peau Peaux Grasses

5 lait bronzant solaire 8 Protection

3 DERMA GEL DOUCHE AVEC LAIT HYDRATANT PEAUX DÉLICATES ET SENSIBLES

Chez toi

Où est-ce que tu as mal? Ecris six phrases.

★

	m (le)	f (la)	pl (les)
J'ai mal	au dos	à la main	aux épaules

1 Parlez à deux. C'est quelle partie de la tête/du visage?
Which part of the head/face is it?

A/B/...,	c'est la barbe/la bouche/le menton/la moustache/le nez
	ce sont les cheveux/les dents/les oreilles/les yeux

Je/Il/Elle porte ...   des lunettes   des boucles d'oreilles   Il est chauve.

2 Ecoute: Quelle est la photo de Constance?

Baptiste
Benoît
Constance
Germaine
Noémie
Olivier

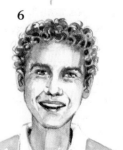

3 Ecris: Fais la description d'un copain ou d'une copine.
Il/Elle est comment?

Il/Elle	a les yeux	bleus/gris/verts/marron
	a les cheveux	blonds/roux/châtains/bruns mi-longs/longs/courts/en brosse raides/frisés/ondulés/permanentés
	porte les cheveux en queue de cheval/a une frange	

une frange

une queue
de cheval

4 Ecoute:
C'est quel prof?

| M. Briand |
| Mme Duval |
| Mme Fauve |
| M. Lefèvre |

1   2   3   4

5 Ecris: Décris les profs.

M. ...	est	assez	grand/petit
Mme ...		très	grande/petite
Il/Elle	a les cheveux/les yeux ...		
	porte ...		

6 Lis les textes, copie et complète les phrases.

Le prof de français, Monsieur Gilbert, est petit. Il a les cheveux bruns et les yeux marron. Il porte une moustache et il a l'air triste. Il porte des lunettes rondes. Il est jeune et marrant.

Madame Peugeot est grande. Elle a les cheveux blonds et les yeux verts. Elle est jolie. Elle porte de grandes boucles d'oreilles. Elle n'est pas jeune. Elle sourit beaucoup, mais elle est stricte.

1 ... n'est pas grand.
2 ... a les cheveux blonds.
3 ... est plus jeune.
4 ... est plus stricte.
5 ... porte des lunettes.
6 Je préfère ..., parce qu'il/elle est ...

| plus jeune = *younger* |

Chez toi
Décris trois de tes profs.

3 J'ai mal ...

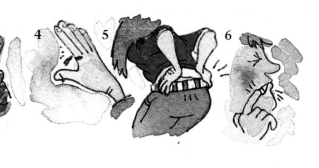

J'ai mal	au	dos	à la	gorge	aux dents
		genou		main	
				tête	
J'ai	froid/chaud				
	de la fièvre				
Je me suis brûlé la main					
Je tousse					
J'ai pris un coup de soleil					

1 A deux: Qu'est-ce qu'ils ont?
Qu'est-ce qu'ils disent?
What is wrong with them?
What do they say?

2 Ecoute et vérifie.

3 Parlez à deux. Trouvez des médicaments pour chaque personne.
Find medicines for each person.

Exemple: Pour le numéro 1 (mal de tête), des analgésiques.

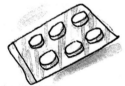

des pastilles

des analgésiques

du sparadrap

de la crème antiseptique

du sirop

de la crème après-soleil

4 a Ecoute: Ça coûte combien?   **b** Fais une liste.

Exemple: le savon: 12F.

1 le savon

2 le peigne

3 le shampooing

4 le dentifrice

5 la brosse à dents

6 la serviette

7 les mouchoirs en papier

8 le sèche-cheveux

5 Jeu de rôles: Commencez à tour de rôle.
Ton/Ta corres te rend visite. *Your penfriend is visiting you.*

● Veux-tu prendre une douche?

▲ Oui, je veux bien.

● As-tu … une /du /du   ?

▲ Ah non, je n'ai pas de …
● Voilà. Autre chose?

▲ As-tu du /un /des ?

● Oui. Dans ma chambre.

▲ Oh, zut! J'ai oublié ma 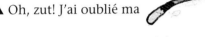 .

● Il faut aller au supermarché.

6 Trouve le(s) bon(s) conseil(s). *Find the right piece(s) of advice.*

Exemple: 1 H

1 J'ai faim.
2 J'ai soif.
3 J'ai chaud.
4 J'ai froid.
5 Je n'ai pas la forme.
6 J'ai le cafard.

A  Mets un pull.

B Fais du sport.

C  Bois de l'eau.

D Prends une douche.

E Ecoute de la musique.

F Mange sainement, mange des fruits!

G Sors avec des copains.

H Mange du pain.

7 Jeu de rôles: Commencez à tour de rôle.
Donnez des conseils. *Give advice.*

1 ● Oh, là, là, j'ai faim!
  ▲ Mange …
  ● Merci. Bonne idée.

2 Et moi, j'ai soif.
3 Oh, j'ai le cafard!
4 Je n'ai pas la forme.

5 Pfui, j'ai chaud.
6 Brr, j'ai froid!

 un inhalateur

 une piqûre

 des cachets contre le rhume des foins

 Je suis allergique aux animaux.

MINI-TEST 5

Can you …?
a name five parts of the body
b say what someone looks like
c say what colour eyes/hair someone has

d explain what is wrong with you
e ask for the medicines and toiletries you need
f give advice on health and fitness

L'avenir dans vos mains

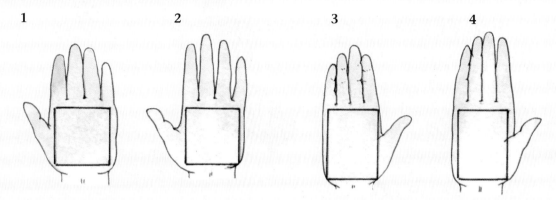

1   2   3   4

A Quel type de main as-tu? Terre, Air, Feu ou Eau?

La paume carrée et les doigts courts – La main Terre
La paume carrée et les doigts longs – La main Air
La paume rectangulaire et les doigts courts – La main Feu
La paume rectangulaire et les doigts longs – La main Eau

B Jeu-test: Quelle sorte de personne es-tu?
Cherche les mots que tu ne connais pas dans le dictionnaire.

Je suis	très	un peu	pas du tout
actif/ve	✔	✔	
artistique			✔
calme		✔	
doux/ce			
équilibré(e)	✔		
généreux/se			
sérieux/se		✔	
sportif/ve	✔		✔
travailleur/se			

J'aime	beaucoup	un peu	pas du tout
le changement		✔	
les idées nouvelles			
l'effort physique	✔		
l'indépendance			
le mouvement		✔	
la force			✔
la stabilité			
communiquer avec les gens			
aider les gens			

La main Terre signifie: la force et la stabilité

Aime: l'effort physique

N'aime pas: le changement et les idées nouvelles

Caractère: sérieux et bon travailleur

La main Eau signifie: le calme et la douceur

Aime: aider les gens

N'aime pas: l'effort physique et le mouvement

Caractère: équilibré et généreux

La main Air signifie: la communication et le mouvement

Aime: le changement

N'aime pas: la force et la stabilité

Caractère: artistique et doux

La main Feu signifie: l'indépendance et l'individualisme

Aime: les idées nouvelles

N'aime pas: la stabilité et l'inactivité

Caractère: sportif et bon travailleur

C Vrai ou faux?

Exemple: J'ai la main (Eau).
C'est vrai: je suis .../j'aime ...
C'est faux: je ne suis pas .../je n'aime pas ...

D Ton/Ta partenaire a quel type de main? Il/Elle est comment?

Exemple: Joanna/Jeff a la main ...
Il/Elle est .../aime ...

E Trouve une personne avec chaque type de main. Fais une liste.

Exemple: J'ai la main ...
Mon copain/Ma copine ... a la main ...

4 J'ai faim!

1 C'est quel repas? *Which meal is it?*

Exemple: A, c'est le ...

le petit déjeuner   le déjeuner   le goûter   le dîner

2 Brainstorming: Qu'est-ce qu'on mange et qu'est-ce qu'on boit aux repas?
What do people eat and drink at each meal?
Fais des listes.

le petit déjeuner	le déjeuner	le goûter	le dîner

des biscuits	des bonbons	des céréales	des chips	des croissants
des frites	du fromage	des fruits	des gâteaux	une glace
des légumes	une omelette	des oeufs	du pain	une pizza
du poisson	du poulet	du riz	de la salade	de la soupe
des spaghettis	des tartines	de la viande	un yaourt	du café
de l'eau	du jus d'orange	du lait	de la limonade	du thé

3 Ecoute et vérifie.

4 Que mangent et boivent Baptiste et Charlotte pour le petit déjeuner?
Fais deux listes.

Baptiste mange/boit ...   Charlotte mange/boit ...

5 Et toi? Qu'est-ce que tu manges et qu'est-ce que tu bois pour le petit déjeuner?
Copie et complète.

Je mange .../ne mange rien.
Je bois .../ne bois rien.

6 Pose les questions à ton/ta partenaire et note les réponses.

Il/Elle mange .../ne mange rien.
Il/Elle boit .../ne boit rien.

7 Ecoute: Aiment-ils manger ...? Qu'est-ce qu'ils disent? (1–2)

J'aime ✓   Je n'aime pas ✗   Je n'en ai jamais mangé. ✗✗
                                           I've never eaten it/them.

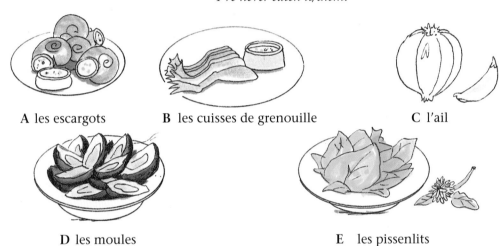

A les escargots   B les cuisses de grenouille   C l'ail

D les moules   E   les pissenlits

8 a Ecris: Fais la liste de cinq choses que tu aimes manger.

Exemple: J'aime manger ...

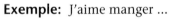

le chou-fleur   les cerises   les petits pois   les haricots verts   les fraises

b Interviewe ton/ta partenaire. D'accord ou pas?

● Aimes-tu manger ...?
▲ Oui, j'aime manger .../Non, je n'aime pas manger .../
   Je n'en ai jamais mangé.

Chez toi

Copie et complète.

Pour le petit déjeuner/déjeuner/goûter/dîner, je mange ... et je bois ...

5 Bonne cuisine, bonne mine

A

H

1 Les oeufs sont très bons pour la santé. Ils sont riches en protéines.

2 La viande est très bonne. Elle contient des vitamines et du fer.

I

B

3 Le lait est bon. Il contient du calcium et des protéines.

4 Les chips ne sont pas bonnes. Elles contiennent trop de matière grasse.

C

5 Les fruits sont bons. Ils nous donnent de l'énergie et des fibres alimentaires.

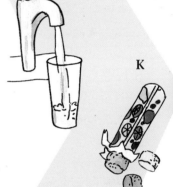

J

6 Les bonbons ne sont pas bons. Ils contiennent trop de sucre.

K

D

7 Les légumes sont bons. Ils contiennent des vitamines et des fibres.

8 Les carottes sont bonnes pour les yeux. Elles sont riches en vitamine A.

E

9 Il ne faut pas manger trop de chocolat. Il contient trop de sucre.

L

10 Les bananes nous donnent de l'énergie. Elles sont riches en vitamines B.

F

11 Les biscuits ne sont pas bons. Ils contiennent trop de matière grasse et de sucre.

12 Buvez de l'eau pour rester en forme! C'est bon pour la santé.

M

13 Ne buvez pas de coca! Il contient trop de sucre.

G

1 Fais correspondre les textes et les images.

2 C'est bon pour la santé ou pas?
Is it good for your health or not?
Copie et complète la grille. *Copy and fill in the grid.*

> contient/contiennent = *contains/contain*
> protéines = *proteins*
> fer = *iron*
> matière grasse = *fat*
> nous donnent = *give us*

	bon(nes)	pas bon(nes)	pourquoi
les oeufs	✓		*riches en protéines*

3 Ecoute: Le goûter (1–8)

a Qu'est-ce qu'ils mangent?

b Qui mange sainement (✔) et qui ne mange pas sainement (✗)?
Who eats healthily and who doesn't eat healthily?

Exemple: 1 bonbons, chips, coca ✗

4 Une petite faim *Feeling peckish*

a Qu'est-ce que tu manges et qu'est-ce que tu bois quand tu as faim? Prépare tes réponses.

Exemple: Je mange ... et je bois ...

b Pose les questions à ton/ta partenaire et note ses réponses.

Exemple: Il/Elle mange ... et boit ...

c Qui mange plus sainement? Pourquoi?

Je	mange plus sainement,	parce que je	mange plus/moins de ...
Mon/Ma partenaire		parce qu'il/elle	

5 Ecoute: Sondage (1–10)
Les mauvaises habitudes *Bad habits*
Copie et complète la grille.

Fumes-tu des cigarettes?	jamais?					
	combien par jour?					
	combien par semaine?					
Bois-tu de l'alcool?	jamais?					
	combien de fois par jour?					
	combien de fois par semaine?					

Chez toi

Dessine un poster: Pour rester en forme *Keeping fit*

Exemple: Mangez ...! Buvez ...! Ne fumez pas ...!

6 Vive le sport!

1 C'est quel sport?

1 le badminton	**7** le foot(ball)
2 le basket	**8** la GRS (gymnastique rythmique et sportive)
3 le cyclisme	**9** le hockey (sur gazon)
4 la danse	**10** le judo
5 l'équitation	**11** la natation
6 l'escalade	

12 le patinage/patin à glace
13 la planche à voile
14 le rugby
15 le skate(board)
16 le tennis
17 le volley

2 Dans la classe: Quels sports faites-vous?
Faites un sondage et dessinez un graphique. *Do a survey and draw a graph.*

badminton	///
basket	////
cyclisme	////
...	
autre	*ski // jogging /*

3 Ecoute.

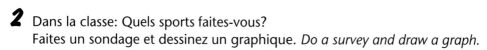

1 Tilly	**2** Cécile	**3** Martin	**4** Annette	**5** Thomas	**6** Auban

a Qu'est-ce qu'ils aiment faire?

Exemple: 1 B, E, ...

b Qu'est-ce qu'ils n'aiment pas faire? Pourquoi?

Exemple: 1 K, f

a  C'est ennuyeux.

b C'est dangereux.

c C'est fatigant.

d J'ai peur des chevaux.

e  J'ai peur du vide.

f  Je n'aime pas l'eau froide.

4 a Ecris des phrases.

Exemple: 1 Tilly aime le badminton, ... Elle n'aime pas la natation, parce que ...

b Ecoute et vérifie.

5 a Et toi? Prépare tes réponses.

le	la	l'
du	de la	de l'

b Interviewe ton/ta partenaire.

Quels sports fais-tu au collège?	Je fais (du hockey, du badminton, ...)
Quand?	Le (mardi) et le (vendredi).
Quels autres sports fais-tu?	(Le cyclisme ...)
Quand?	(Le jeudi soir, après le collège.)
Où?	Au complexe sportif.
	Au club de .../A la piscine.
Avec qui?	Avec (mon copain/ma copine/mes copains/l'équipe de ...)
Quel est ton sport préféré?	Je préfère (le hockey).
Qu'est-ce que tu n'aimes pas faire?	(Le kayak.)
Pourquoi?	Parce que (c'est dangereux).

c Note les réponses.

(Qu'est-ce qu'il/elle fait au collège?)	Martin/Marianne fait ... au collège,
(Quand?)	le (mardi) et le (vendredi).
(Quels autres sports fait-il/elle?)	Il/Elle fait ...
(Quand?)	le (mardi soir),
(Où?)	(au complexe sportif),
(Avec qui?)	avec (l'équipe de ...).
(Quel est son sport préféré?)	Son sport préféré, c'est ...
(Qu'est-ce qu'il/elle n'aime pas?)	et il/elle n'aime pas ...,
(Pourquoi?)	parce que (c'est ennuyeux).

6 Regarde les images et prépare quatre phrases sur chaque sport.

A  B   C   D   E   F

Exemples:

C'est (le tennis). Je fais (du tennis) au collège.
Je joue avec (mon copain). C'est génial!

C'est (le hockey sur glace).
Je ne fais pas de (hockey sur glace).
C'est (trop cher). Je préfère ...

MINI-TEST 6

1 Can you tell someone ...?
  a what you eat and drink for breakfast
  b what you like/don't like to eat
  c whether you eat healthily
  d what sports you do
  e what sports you don't like

2 Can you ask someone ...?
  a What do you eat and drink for breakfast?
  b What do you/don't you like to eat?
  c Do you eat healthily?
  d What sports do you do?
  e What sports don't you like?

Rendez-vous 3   Les verbes

A When talking about yourself, you use the **je** form.

> Most verbs end in **-er** in the infinitive: aimer, manger, jouer, préférer, etc.
> To make the je form, take off the **-r**:
>
> >   aimer – j'aime   manger – je mange
> >   jouer – je joue   *préférer – je préfère
>
> * The acute accent on the second e changes to a grave accent: é → è.
>
> Some verbs end in **-re**. To make the je form of these, take off the **-re** and add **-s**:
>
> >   boire – je bois *(I drink)*   faire – je fais *(I do)*
>
> Some verbs are irregular:
>
> >   aller – je vais *(I go)*   être – je suis *(I am)*
> >   avoir – j'ai *(I have)*

▶ Fill in the missing words.

1 J'_ _ _ _ les gâteaux au chocolat. (aimer)
2 Je _ _ _ _ _ _ _ la salade. (*préférer)
3 Je _ _ _ _ au collège en bus. (aller)
4 Je _ _ _ _ _ des frites. (manger)
5 Je _ _ _ _ au football. (jouer)
6 Je _ _ _ _ du jus d'orange. (boire)
7 Je _ _ _ _ mes devoirs. (faire)
8 Je _ _ _ _ un garçon/une fille. (être)
9 J'_ _ treize ans. (avoir)

B Asking questions
When speaking to someone your own age, you use the **tu** form.

> Verbs ending in **-er** in the infinitive: take off the **-r** and add **-s**:
>
> >   aimer – tu aimes   *préférer – tu préfères
>
> Verbs ending in **-re**: take off the **-re** and add **-s**:
>
> >   boire – tu bois   faire – tu fais
>
> Irregular verbs:
>
> >   aller – tu vas   avoir – tu as   être – tu es

▶ Fill in the missing words.

1 _ _ _ _ _ -tu les pêches? (aimer)
2 _ _ _ _ _ _ -tu des frites? (manger)
3 _ _ _ _ -tu du coca? (boire)
4 _ _ _ _ -tu tes devoirs? (faire)
5 _ _ _ _ _ -tu au tennis? (jouer)

6 _ _ _ _ _ _ _ _ -tu la glace à la vanille ou la glace au chocolat? (*préférer)
7 _ _ -tu des frères ou des soeurs? (avoir)
8 _ _ _ -tu au cinéma ce soir? (aller)
9 _ _ -tu fatigué(e)? (être)

When speaking to someone older (or to more than one person), you use the **vous** form.

> The **vous** form of most verbs ends in -ez.
> For -er verbs, take off the -r and add -z:
>
> > aimer – vous aimez   préférer – vous préférez
> > aller – vous allez
>
> Some verbs are irregular:
>
> > avoir – vous avez   être – vous êtes
> > boire – vous buvez   faire – vous faites

Fill in the missing words.

1 _ _ _ _ _ -vous les chips? (aimer)
2 _ _ _ _ _ _ -vous les frites? (manger)
3 _ _ _ _ _ -vous au tennis? (jouer)
4 _ _ _ _ _ _ _ _ -vous le football ou le hockey? (préférer)
5 _ _ _ _ _ _ -vous du sport? (faire)
6 _ _ _ _ _ -vous de la limonade? (boire)
7 _ _ _ _ -vous un animal? (avoir)
8 _ _ _ _ -vous fatigué(s)? (être)
9 _ _ _ _ _ -vous au cinéma ce soir? (aller)

C When reporting back, you use the **il/elle** form.

> Verbs ending in -er: take off the -r:
>
> > aimer – il/elle aime   *préférer – il/elle préfère
> > jouer – il/elle joue
>
> Verbs ending in -re: take off the -re and add -t:
>
> > boire – il/elle boit   faire – il/elle fait
>
> Irregular verbs:
>
> > aller – il/elle va   avoir – il/elle a   être – il/elle est

Fill in the missing words.

1 Il _ _ _ _ au football. (jouer)
2 Il _ _ _ _ _ _ _ _ le jus d'orange. (*préférer)
3 Elle _ _ _ _ les gâteaux. (aimer)
4 Il _ _ _ _ _ les hamburgers. (manger)
5 Elle _ _ _ _ ses devoirs. (faire)
6 Il _ _ _ _ du cyclisme. (faire)
7 Elle _ _ _ _ du café. (boire)
8 Il _ _ en ville. (aller)

9 Elle n'_ pas d'animal. (avoir)
10 Il _ _ _ fatigué. (être)
11 Elle _ _ _ _ _ _ _ un poster. (dessiner)
12 Il _ _ _ _ _ _ le professeur. (écouter)
13 Elle _ _ _ _ _ _ dans un village. (habiter)
14 Il _ _ _ _ _ une lettre. (écrire)
15 Elle _ _ _ _ _ _ _ la télévision. (regarder)
16 Il _ _ _ _ _ _ _ le chocolat. (détester)

> Sone regular verbs end in -ir (finir, choisir). You will use these less often than regular -er or -re verbs. See page 148 for the endings of -ir verbs.

7 Ma journée

1 Que fais-tu?

1 j'arrive au collège
2 je me brosse les dents
3 je me couche
4 je m'habille
5 je fais ma toilette
6 je me lève
7 je mange
8 je rentre
9 je me réveille
10 je sors

A  B  C  D  E

F  G  H I  J

2 Ecoute: Ils se lèvent à quelle heure? (1–6)
What time do they get up?

Exemple: 1 7h00

3 a Et toi? Prépare tes réponses.

b Pose les questions à ton/ta partenaire et note les réponses.

- ● Tu te réveilles à quelle heure?
- ▲ Je me réveille à ... h.
- ● Et tu te lèves à quelle heure?
- ▲ Je me lève à ... h.
- ● Tu prends le petit déjeuner à quelle heure?
- ▲ Je mange à ... h.
- ● Tu sors de la maison à quelle heure?
- ▲ Je sors à ... h.
- ● Tu arrives au collège à quelle heure?
- ▲ J'arrive à ... h.
- ● Tu rentres à quelle heure?
- ▲ Je rentre à ... h.
- ● Et finalement, tu te couches à quelle heure?
- ▲ Je me couche à ... h.

4 Ecris un petit résumé.

| (John/Mandy) | se réveille/se lève/mange/ | à ... h. |
| Il/Elle | sort/arrive/rentre/se couche | |

5 Ecoute: La journée de Martin. Combien de temps passe-t-il ...?
Martin's day. How much time does he spend ...?

Exemple: 1 (au lit) 9h et demie

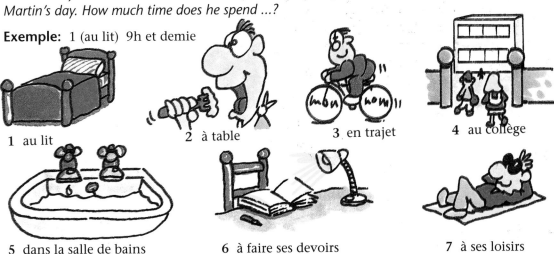

1 au lit   2 à table   3 en trajet   4 au collège

5 dans la salle de bains   6 à faire ses devoirs   7 à ses loisirs

6 Copie et complète: Les vingt-quatre heures d'Aurélie.

Elle passe ... heures au lit; ... heures à table; ... heures en trajet; ... heures au collège;
... heures à faire ses devoirs et il lui reste ... heures pour les loisirs.

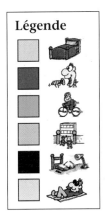

Légende

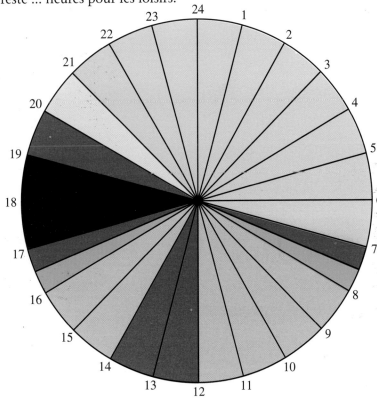

7 Et hier? Copie et complète.

Hier, je me suis levé(e) à ...
Je suis sorti(e) de la maison à ...
Je suis rentré(e) à la maison à ...
J'ai joué (au tennis) à ...
J'ai regardé ... à ...
Je me suis couché(e) à ...

Chez toi

Dessine un camembert ou un graphique et écris un rapport: Ma journée
Draw a pie chart or a graph and write a report: My day

Je passe ... heures ...

73

8 Ma chambre

1 Ce sont les chambres de qui?

A

Dans ma chambre j'ai un lit, une table, une chaise, une radio et une commode. Les murs sont beiges et la porte et la fenêtre sont blanches. J'ai des posters sur les murs.

Mathieu

B

Chez moi, j'ai un lit, une table, une chaise, une armoire, une télé et une étagère. J'ai des posters d'animaux sur les murs. Les murs sont vert pâle et la porte est blanche.

Coralie

2 Trouve cinq différences.

La chambre de ... est plus grande/petite que la chambre de ...	
Dans la chambre de ...	(le lit/la table/...) est plus grand(e)/petit(e) il n'y a pas de ... les murs sont (beiges)/la porte est (blanche)

3 Ecoute: Que font-ils dans leur chambre? (1–4)

Exemple: 1 A, D, ...

A Je dors.

B J'écoute de la musique.

C J'écoute la radio.

D Je fais mes devoirs.

E Je regarde la télé.

F Je m'amuse.

G Je me repose.

H Je joue avec mes copains.

I Je lis.

J Je joue d'un instrument.

K Je range ma chambre.

4 Qu'est-ce qu'il y a dans la chambre de Denis?
Ecris une liste. Cherche les mots que tu ne connais pas dans le dictionnaire.

Exemple: Dans la chambre de Denis, il y a ...

5 Parlez à deux: Qu'est-ce que tu as dans ta chambre?
Commencez à tour de rôle.

● As-tu une table?
▲ Oui, j'ai une table./Non, je n'ai pas de table.
● As-tu un ordinateur?
▲ Oui, j'ai un ordinateur./Non, je n'ai pas d'ordinateur.
● As-tu (un canard en plastique)?
▲ Oui, j'ai (un canard en plastique)./Non, je n'ai pas de (canard en plastique).
● As-tu (une boîte de sardines)?
▲ ....

Chez toi
Que fais-tu dans ta chambre?

Dans ma chambre, je ...

1 Que font-ils?

faire:	je fais du baby-sitting/la cuisine/la vaisselle/les courses	
	je ne fais rien	
laver:	je lave la voiture	
mettre/débarrasser:	je mets/débarrasse la table	
nettoyer:	je nettoie la salle de bains/l'entrée	
passer:	je passe l'aspirateur	
promener:	je promène le chien	
ranger:	je range mes affaires/ma chambre	
remplir/vider:	je remplis/vide le lave-vaisselle	
tondre:	je tonds le gazon	

2 Ecoute: Que font-ils? (1–8)   **Exemple:** 1 H, A

3 Qu'est-ce que tu dis?   **Exemple:** 1 Je ...

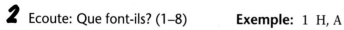

4 Que fais-tu souvent, de temps en temps, jamais? Fais trois listes.

souvent *often*	de temps en temps *occasionally*	pas du tout/jamais *not at all/never*

5 Qu'est-ce que tu as fait hier?

J'ai	fait/lavé/mis/débarrassé/nettoyé/passé/promené/ rangé/rempli/vidé/tondu ...
Je n'ai rien fait.	

6 Ecoute: Ils reçoivent combien d'argent de poche? (1–6)
Que font-ils avec leur argent?
How much pocket money do they get? What do they do with their money?

Exemple: 1 30F A, C

20F	25F	30F	50F	100F	120F	150F	200F

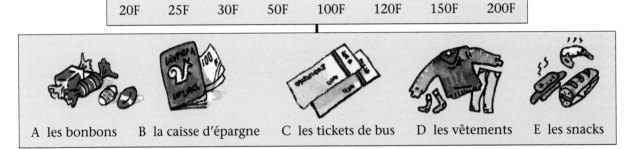

A les bonbons   B la caisse d'épargne   C les tickets de bus   D les vêtements   E les snacks

7 **a** Et toi? Prépare tes réponses.

> je mets de l'argent de côté = *I'm putting money aside/saving*

b Pose les questions à ton/ta partenaire.

- ● Tu reçois combien d'argent de poche?
- ▲ Je reçois ... par semaine.
- ● Qu'est-ce que tu fais avec ton argent?
- ▲ J'achète (des CD)./Je mets de l'argent de côté pour (les vacances).

c Note les réponses.

Exemple: Il/Elle reçoit ... et achète/met de l'argent de côté pour ...

8 Lis le texte. Vrai ou faux?

1 Guillaume veut une moto.
2 Il reçoit 100F d'argent de poche de son père.
3 Il va au collège en bus.
4 Il fait du baby-sitting.
5 Il lave la voiture de sa grand-mère.
6 Il reçoit 500F de ses parents pour son anniversaire.

> Je veux acheter une moto. Mon père me donne 100F par semaine pour le bus et pour le repas de midi. Je me lève à six heures et demie et je vais au collège à vélo. Je fais du baby-sitting et je lave les voitures pour gagner de l'argent. Ma grand-mère m'a donné 200F pour mon anniversaire et, si je réussis mes examens, mes parents vont me donner 500F.
>
> Guillaume

Chez toi
Jeu d'imagination: Tu as gagné 1 000 000 francs au Loto. Que fais-tu avec cet argent?

Jeu-test: Pour rester en forme!

	✓ c'est vrai	? quelquefois/ un peu	✗ c'est faux
1 Je mange beaucoup de fruits		?	
2 Je fais beaucoup de sport			✗
3 Je mange de la salade		?	
4 Je nage régulièrement	✓		
5 Je bois de l'eau		?	
6 Je ne bois pas de coca			✗
7 Je vais au collège à pied ou à vélo			✗
8 Je ne fume pas de cigarettes		?	
9 Je ne bois pas d'alcool		?	
10 Je ne bois pas beaucoup de café	✓		
11 Je me couche de bonne heure			✗
12 Je ne regarde pas trop la télé		?	

A Que fait Auban pour rester en forme?

B Fais le test toi-même.

- Si tu as une majorité de ✓ tu es en forme!
- Si tu as une majorité de ? il faut faire des efforts pour rester en forme.
- Si tu as une majorité de ✗ il faut faire attention. Tu risques de tomber malade!

C Qui est en meilleure forme, toi ou Auban?
Donne-lui un conseil.

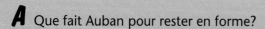

Pour rester en forme,	bois/mange/fais	plus de ...
	ne bois/mange/fais	pas de ...

*Je mets de l'argent de côté
pour les vacances.*

PARC NATUREL DES GORGES

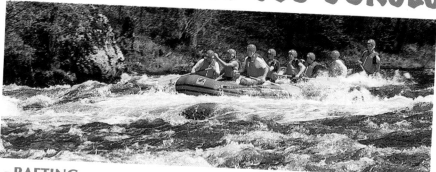

RAFTING

A PARTIR DE 10 ANS. IL FAUT SAVOIR NAGER.

Baptême: Facile. Descente de 8 km dans le canyon.
Durée 1h30

Intégrale: Technique. Descente de 18 km. Durée 2h30

Journée: Durée 3h30 (1h30 le matin, 2h l'après-midi)
déjeuner compris

CANYONING

A PARTIR DE 14 ANS. IL FAUT SAVOIR NAGER ET ETRE EN BONNE CONDITION PHYSIQUE.

Baptême: Descente de 8 km

Intégrale: Descente de 18 km

Journée: descente de 25 km déjeuner compris

Le retour au point de départ en minibus est compris dans le prix.

D
1 How old do you have to be to go rafting?
2 What do you have to be able to do?
3 Find three differences between the Baptême and Intégrale trips.
4 What is included in the Journée trip?
5 How old do you have to be to go canyoning?
6 What else is required?
7 What is included in the prices for both rafting and canyoning?
8 Which would you like to do and why?

Bilan

Check that you can ...

1 name five parts of the body:

la tête, le corps, la main, la jambe, la bouche ...

2 describe someone. Say

- what someone looks like
- what colour hair he/she has
- what his/her hair is like
- what colour eyes he/she has

Il/Elle est grand(e)/petit(e).
Il/Elle a les cheveux bruns/blonds/...
longs/courts, raides/frisés, en queue de cheval ...
Il/Elle a les yeux bleus/marron/gris/...

3 deal with minor ailments.

- Say what is wrong with you
- Say where it hurts
- Ask for the medicines you need
- Say what toiletries you need
- Give advice on health and fitness

J'ai chaud/froid/de la fièvre.
J'ai mal à la tête/au dos/aux dents.
As-tu/Avez-vous quelque chose contre ...?
Je n'ai pas de brosse à dents/dentifrice.
Fais du sport! Mange des fruits!

4 talk about food and exercise. Say

- what you eat and drink for each meal

- what you like and don't like to eat
- what types of food are healthy and why
- whether you eat healthily
- that you have never eaten something
- what sports you like
- what sports you don't like
- which is your favourite sport

Pour le petit déjeuner/le déjeuner/... je mange ...
et je bois ...
J'aime/Je n'aime pas les escargots.
Les carottes sont bonnes pour les yeux.
Elles contiennent ...
Je mange/ne mange pas sainement.
Je n'en ai jamais mangé.
J'aime faire du cyclisme/de la natation.
Je n'aime pas l'équitation.
Mon sport préféré, c'est le foot.

5 describe your daily routine. Say

- at what time you do things
- how long you spend doing things

Je me réveille/me lève à ... heures.
Je passe ... heures au lit/à table/en trajet/...

6 talk about household activities and pocket money. Say

- how you help in the house

- what you did yesterday
- how much pocket money you get
- and what you do with it

Je débarrasse la table/passe l'aspirateur/...
Je ne fais rien.
J'ai débarrassé la table/passé l'aspirateur/...
Je reçois ... F par semaine.
J'achète ...
Je mets de l'argent de côté pour ...

Contrôle révision

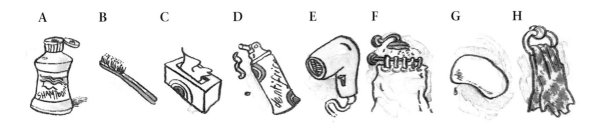

A   B   C   D   E   F   G   H

A Ecoute: C'est quelle image? (1–6)

B Parle: Travaille avec un(e) partenaire.
Regardez les images et posez les questions à tour de rôle.

Avez-vous ...?
As-tu ...?
Je peux ...?

C Lis.

1 Qu'est-ce qu'il mange?
2 C'est pour quel repas? Remplis la grille.

Petit déjeuner	Midi	Goûter	Soir

Pour le petit déjeuner, je mange des croissants et je bois du chocolat chaud. A midi, je mange des chips et je bois un jus d'orange. Pour le goûter, je mange des biscuits et je bois du coca, et le soir, je mange du poulet avec des frites. Bertrand

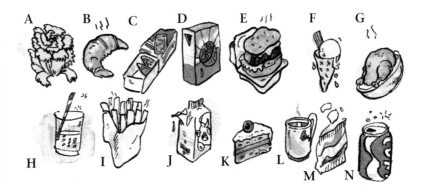

A   B   C   D   E   F   G

H   I   J   K   L   M   N

D Ecris un menu bonne santé pour Bertrand.

Petit déjeuner	Midi	Goûter	Soir

Chic alors!

1 La mode

un anorak	un jean
des bottes *(f)*	une jupe
des bottes en caoutchouc *(f)*	un manteau
une casquette	un pantalon
un chapeau	un parapluie
des chaussettes *(f)*	un polo
des chaussures *(f)*	un pull(-over)
une chemise	une robe
un chemisier	des sandales *(f)*
une cravate	un short
une écharpe	un sweat
des gants *(m)*	un tee-shirt
un imperméable	des tennis *(f)*
	une veste

Il pleut!

A
B
C
D

Paul

1 Parlez à deux. Qu'est-ce qu'ils portent?

Exemple: Paul porte un/une/des ...

2 Ecoute et vérifie.

3 Ecoute: Sondage
Quelle est leur couleur préférée?

4 C'est de quelle couleur? Fais une liste.

Exemples:
Le chapeau est rouge.
Les bottes en caoutchouc sont jaunes.

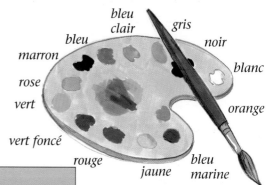

bleu clair
bleu
gris
noir
marron
blanc
rose
vert
orange
vert foncé
rouge
jaune
bleu marine

⭐ Attention au féminin et au pluriel!

m	f	m pl	f pl
blanc	blanche	blancs	blanches
bleu	bleue	bleus	bleues
gris	grise	gris	grises
noir	noire	noirs	noires
vert	verte	verts	vertes
jaune	jaune	jaunes	jaunes
rose	rose	roses	roses
rouge	rouge	rouges	rouges

marron, orange, bleu clair, vert foncé, bleu marine *ne changent pas:*

marron	marron	marron	marron

Il fait froid!

Il fait beau!

On sort!

Louise

Corinne

Marc

5 a Et toi? Quelle est ta couleur préférée?
Prépare ta réponse.

Exemple: Ma couleur préférée, c'est le ...

b Pose la question à ton/ta partenaire et note la réponse.

Sa couleur préférée, c'est le ...

6 Parlez à deux.

m	f	m pl	f pl
un pantalon noir	une chemise blanche	des gants noirs	des chaussettes grises

● Qu'est-ce que tu portes pour aller au collège?
▲ Je porte ...

7 Parlez à deux. Commencez à tour de rôle.

● Que porte Daniel/Zoë pour aller au collège?
▲ Daniel/Zoë porte ...

8 Dessine et décris un (nouvel) uniforme pour ton collège.
Draw and describe a (new) uniform for your school.

Chez toi
Qu'est-ce que tu portes le week-end? Fais une liste.

② *Les chaussures*

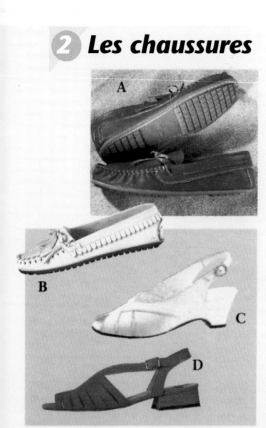

des baskets
des chaussures de fitness
des chaussures de foot
des chaussures de jogging
des mocassins
des sabots
des sandales
des tennis

1 C'est quelle sorte de chaussures? Fais une liste.

Exemple: A, ce sont des …

2 Ecoute et vérifie. Ils/Elles coûtent combien?

3 a Ecoute: Qu'est-ce qu'ils vont acheter? (1–4)

b Ecoute encore une fois: Ils font quelle pointure?

Les pointures:									
Royaume-Uni	2	3	4	5	6	7	8	9	10
France	35	36	37	38	39	40	41	42	43

4 Jeu de rôles

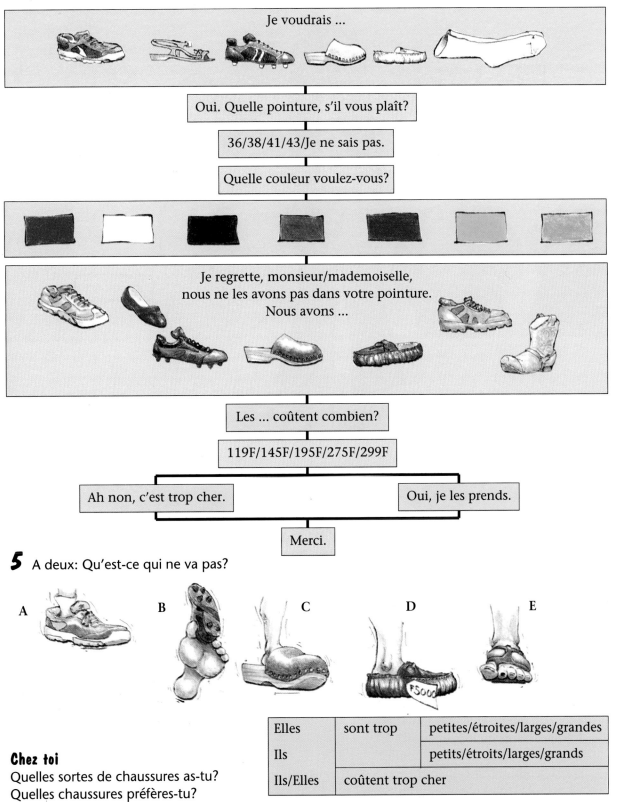

Je voudrais ...

Oui. Quelle pointure, s'il vous plaît?

36/38/41/43/Je ne sais pas.

Quelle couleur voulez-vous?

Je regrette, monsieur/mademoiselle,
nous ne les avons pas dans votre pointure.
Nous avons ...

Les ... coûtent combien?

119F/145F/195F/275F/299F

Ah non, c'est trop cher.

Oui, je les prends.

Merci.

5 A deux: Qu'est-ce qui ne va pas?

A B C D E

Elles	sont trop	petites/étroites/larges/grandes
Ils		petits/étroits/larges/grands
Ils/Elles	coûtent trop cher	

Chez toi

Quelles sortes de chaussures as-tu?
Quelles chaussures préfères-tu?

Exemple: J'ai des chaussures noires, des sabots rouges, des mocassins blancs, des baskets roses, ...
Je préfère les ...

③ *Le prix de ton look*

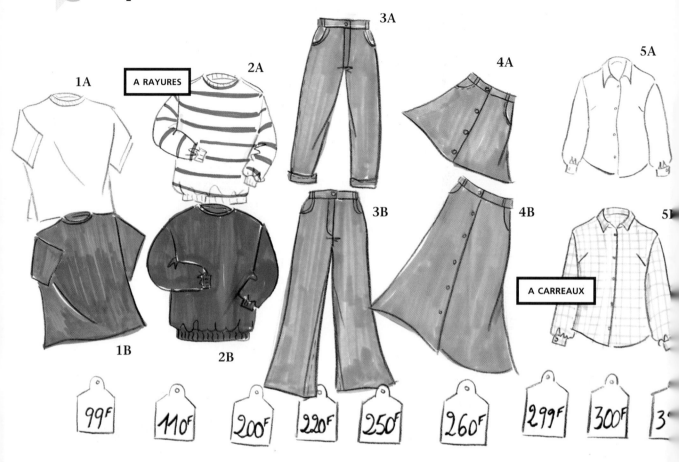

A RAYURES

A CARREAUX

1A 2A 3A 4A 5A
1B 2B 3B 4B 5B

99ᶠ 110ᶠ 200ᶠ 220ᶠ 250ᶠ 260ᶠ 299ᶠ 300ᶠ 3...

1 Ecoute: Ça coûte combien?

2 Ecoute: Qu'est-ce que Nadine préfère? Pourquoi? (1–5)

Exemple: 1 B, a

a J'aime la couleur.

b Il/Elle est joli(e).

c Je n'aime pas les rayures.

d Il/Elle est chic.

e Il/Elle est confortable.

3 Qu'est-ce que tu préfères?

1 Le tee-shirt bleu marine ou le tee-shirt blanc?
2 Le pull rouge ou le pull à rayures?
3 Le jean large ou le jean étroit?
4 La jupe longue ou la jupe courte?
5 Le chemisier blanc ou le chemisier à carreaux?

4 Pose les questions à ton/ta partenaire et note ses réponses. D'accord ou pas d'accord?

Il/Elle préfère ...

5 A deux: Posez les questions à tour de rôle.
Comment trouvez-vous le look?

Pour lui:

un fort goût d'Amérique

Pour elle:

Peace and Love!

● Comment trouves-tu …
le tee-shirt Naf-Naf/le jean large/le chapeau/
le tee-shirt noir/le gilet/le pantalon à fleurs?

▲ Je l'aime/Je ne l'aime pas.

● Pourquoi?

▲ Parce que j'aime/je n'aime pas la couleur/le look.
Parce qu'il est chic/confortable/joli.

● Comment trouves-tu la casquette verte/la veste
jaune?

▲ ……….

● Pourquoi?

▲ Parce que j'aime/je n'aime pas la couleur/le look.
Parce qu'elle est chic/confortable/jolie.

● Comment trouves-tu les baskets/les lunettes/
les sandales?

▲ Chouettes/Géniales/Nulles/Cool/Affreuses!

6 Tu sors avec ton copain/ta copine.
Qu'est-ce que tu portes?
Dessine et décris ton look!

MINI-TEST 7

1 Can you …?

a name five items of clothing and
say what colour they are

b say what you are wearing

c say what your favourite colour is

d say which shoes you would like
to buy

e say what size you take

f say which items of clothing you
prefer and why

2 Can you ask someone …?

a What is your favourite colour?

b What do you wear for school?

c Which do you prefer? Why?

d How much does it/do they cost?

Récréation

On fait les magasins

A Qu'est-ce que tu as acheté? *What have you bought?*

Je suis allé(e) au marché et j'ai acheté ...

B Dans un grand magasin. C'est à quel étage?
In a department store. Which floor is it on?

A/B/..., c'est au	premier/deuxième/troisième étage
	rez-de-chaussée
	sous-sol

Troisième étage
bureau de change
agence de voyages

Deuxième étage
vêtements pour hommes
articles de sport
musique

Premier étage
vêtements pour dames
vêtements pour enfants
café

Rez-de-chaussée
librairie-papeterie
cosmétiques
parfumerie
maroquinerie
cadeaux et souvenirs

Sous-sol
ustensiles de cuisine
appareils électriques
supermarché

C Ils vont dans quels magasins? *Which shops are they going to?*

la boulangerie

la boutique de mode

la charcuterie

la pâtisserie

1
tee-shirt
pull
jean
fleurs

2
saucisses
jambon
pâté
carte d'anniversaire

3
dentifrice
shampooing
crème solaire
B.D.

4
baguette
petits pains
croissants
chewing-gum

5
tartelettes aux amandes
tarte aux pommes
éclairs
pellicule
piles

la pharmacie

le fleuriste

la librairie-papeterie

le tabac-journaux

4 Au centre commercial

une bouteille de vin
une calculatrice de poche
une cassette vidéo
un CD
des chocolats
une écharpe
un jeu vidéo
des lunettes de soleil
une montre digitale
du parfum
un porte-clés
un poster
un tee-shirt

1 Choisis un cadeau pour cinq personnes et fais une liste.
Choose presents for five people and make a list.

Pour	mon père/(petit) copain/frère/cousin/oncle/grand-père	je choisis ...
	ma mère/(petite) copine/soeur/cousine/tante/grand-mère	

2 Ecoute: Qu'est-ce qu'ils achètent? (1–5)
Copie et complète la grille.

cadeau	pour	prix

3 Ecoute: Les cadeaux coûtent combien? (1–13)

Exemple: 1 A (chocolats) 120F

4 Jeu de rôles

Bonjour, monsieur/mademoiselle.

Bonjour. Je voudrais un cadeau pour
mon père/ma mère/mon frère/ma soeur/mon copain/ma copine/...

Je vous propose ...

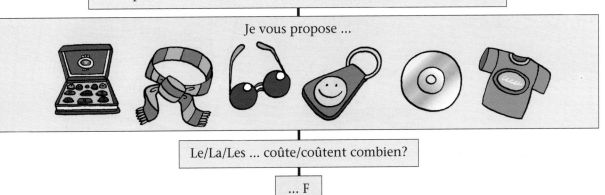

Le/La/Les ... coûte/coûtent combien?

... F

Voilà ... F. Pouvez-vous me faire un paquet-cadeau?

Bien sûr ... Voilà. Au revoir, monsieur/mademoiselle.

Au revoir, monsieur/madame.

5 Bon anniversaire! Qu'est-ce qu'il y a dans les paquets?

Exemple: A, c'est une bouteille de vin.

une boîte	= *a box*
une bouteille	= *a bottle*
un paquet	= *a pack*
un tube	= *a tube*

A  B 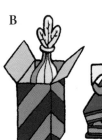 C  D E  F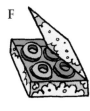

6 Qu'est-ce que Ludo a oublié?

tee-shirt – Isabelle
lunettes de soleil – Marc
jeu vidéo – moi
parfum – maman
poster – Nico

Chez toi
C'est ton anniversaire. Qu'est-ce que tu voudrais comme cadeaux?
Ils coûtent combien?

Menu Budget

64F

potage du jour:
soupe à l'oignon

1 entrée au choix

Salade de tomates
Potage du jour
Jus de fruits (orange/pomme/ananas)

jambon-crudités

salade composée

1 plat au choix

Pizza Margherita
Pizza Napolitana
Pizza Capricciosa
Lasagnes 'maison'
Spaghettis bolognaise
Steak haché
Grillade de porc
Jambon-crudités
Salade composée

glace deux boules
à la chantilly

1 dessert au choix

Tarte 'maison'
Glace deux boules
  (vanille/fraise/chocolat/café)
Mousse au chocolat
Crème caramel
Salade de fruits frais
Plateau de fromage

1 boisson au choix

$^1/_4$ pichet de vin
$^1/_4$ eau minérale
$^1/_4$ limonade
$^1/_2$ bière pression

1 café

un pichet de vin

En supplément

Frites:		
petite portion	8F	
grande portion	13F	
Salade verte	12F	
Parmesan	6F	

Plateau de fromage	12F
Profiteroles au chocolat	20F
Crème chantilly	4F
Cappuccino	8F

1 Ecoute.

  a Que prennent-ils? (1–6) *What are they having?*

  b Qui mange le plus sainement? *Who is eating most healthily?*

2 Ecris: Choisis un repas
  a pour toi; **b** pour ton/ta partenaire; **c** bon pour la santé; **d** mauvais pour la santé!

3 Jeu de rôles: Commencez à tour de rôle.

  ● Bonjour, monsieur/madame, voulez-vous quelque chose à boire?
  ▲ Je voudrais ... pour moi et ... pour mon copain/ma copine.
  ● Qu'est-ce que vous prenez comme entrée?
  ▲ ....
  ● Et comme plat?
  ▲ ....
  ● Et avec ça ... de la salade, des frites?
  ▲ Oui, .../Non, merci.
  ● Et comme dessert?
  ▲ ....
  ● Avec de la crème chantilly?
  ▲ ....

4 Que dis-tu?

  Excusez-moi, madame/monsieur ...

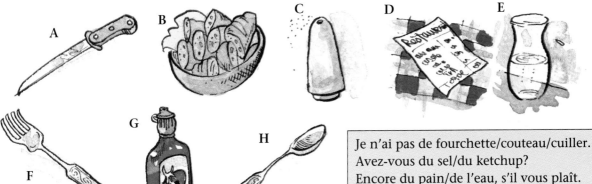

A   B   C   D   E

F   G   H

> Je n'ai pas de fourchette/couteau/cuiller.
> Avez-vous du sel/du ketchup?
> Encore du pain/de l'eau, s'il vous plaît.
> L'addition, s'il vous plaît.

5 Et hier? Interviewe ton/ta partenaire.

  ● Qu'est-ce que tu as mangé hier?

  ▲ J'ai mangé

  ● Qu'est-ce que tu as bu?

  ▲ J'ai bu

Chez toi
Rédige un menu snack pour les jeunes. *Put together a snack menu for young people.*

6 J'ai perdu mon sac

1 C'est quelle image?

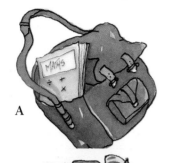

A

B

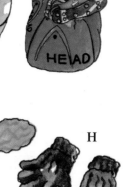

E

F

1 un sac en plastique blanc

2 un sac en plastique blanc avec la marque d'un magasin en rouge

3 un sac rouge bordeaux

4 un sac avec motif Naf-Naf

5 un sac à dos gris-vert

6 un sac à dos bleu foncé avec motif Head

7 une valise grise

8 une valise jaune

9 un petit chien noir

10 un grand chien noir et blanc

11 des gants noirs

12 des moufles orange

G

H

I

J

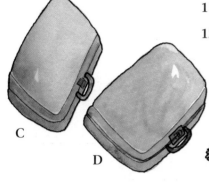

C

D

K

L

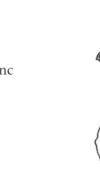

2 Ce sont les affaires de qui?
Whose things are they?

J'ai perdu mon sac avec mes livres scolaires.
Annette

J'ai perdu mon sac à dos avec mes affaires de gym.
Mathieu

J'ai perdu mes moufles. Elles sont orange.
Corinne

J'ai perdu mon sac avec mes affaires de foot.
Eric

J'ai perdu ma valise! Elle est grise.
M. Dupont

Notre chien a disparu hier. Il est noir et blanc. C'est un cocker. Il s'appelle Bill.
Véro

J'ai perdu mes affaires de natation, mon maillot de bain et ma serviette.
Nathalie

J'ai perdu mes courses!
Mme Leblanc

3 Ecoute: Qui parle? (1–8)   **Exemple:** 1 Annette

4 Qu'est-ce que tu as perdu? Fais une liste.

J'ai perdu ...	*m* (le)	mon sac/mon porte-monnaie	Il est	grand/petit, noir/blanc...
	f (la)	ma veste/ma bicyclette	Elle est	grande/petite, noire/blanche...
	m pl (les)	mes gants	Ils sont	grands/petits, noirs/blancs...
	f pl (les)	mes tennis	Elles sont	grandes/petites, noires/blanches...

5 Jeu de rôles: Commencez à tour de rôle.
Au bureau des objets trouvés *At the lost property office*

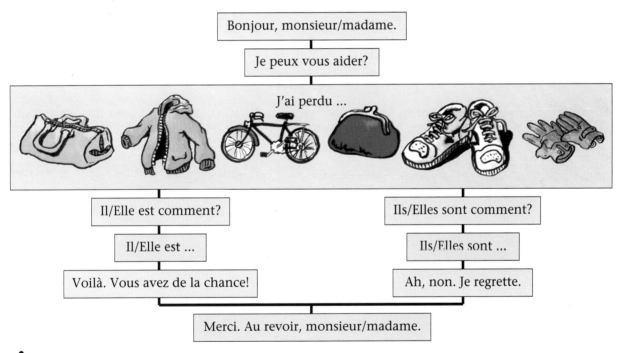

Bonjour, monsieur/madame.

Je peux vous aider?

J'ai perdu ...

Il/Elle est comment?   Ils/Elles sont comment?

Il/Elle est ...   Ils/Elles sont ...

Voilà. Vous avez de la chance!   Ah, non. Je regrette.

Merci. Au revoir, monsieur/madame.

6 Ecris une petite annonce. *Write a small ad.*

Exemple: J'ai perdu ...

MINI-TEST 8

1 Can you say ...?
  a who a present is for
  b what you want to eat and drink
  c what you have lost and describe it

2 Can you ask ...?
  a for something you want to buy
  b how much it costs
  c what someone wants to eat and drink
  d for something you need

Rendez-vous 4   Les noms ...

A Nouns are naming words. Remember that in French all nouns are either masculine or feminine and the words for 'the', 'a', 'my', etc. change accordingly. We say that these words 'agree' with the noun.

	m	*f*	*m pl*	*f pl*
the	le sac	la trousse	les livres	les chaussures
a	un sac	une trousse		
my	mon sac	ma trousse	mes livres	mes chaussures
your	ton sac	ta trousse	tes livres	tes chaussures
his/her	son sac	sa trousse	ses livres	ses chaussures

► Find out if these words are masculine, feminine or plural. Write them out with **le**, **la** or **les** and check that you know what they mean.

1 chemise	6 jean	11 pull
2 chaussures	7 jupe	12 baskets
3 chaussettes	8 maillot	13 short
4 cravate	9 pantalon	14 sweat
5 gants	10 robe	15 veste

... et les adjectifs

B Adjectives are describing words. Most of them change to 'agree' with the nouns they describe. Most adjectives, including all adjectives of colour, come after the noun:

le pull **noir**   la veste **noire**   les gants **noirs**   les chaussettes **noires**

Grand and **petit** are exceptions:

le **grand** sac   la **grande** trousse   les **petits** sacs   les **petites** trousses

C Most adjectives change according to two common patterns.

m	*f*	*m pl*	*f pl*
blanc	blanche	blancs	blanches
bleu	bleue	bleus	bleues
gris	grise	gris	grises
noir	noire	noirs	noires
vert	verte	verts	vertes
jaune	jaune	jaunes	jaunes
rose	rose	roses	roses
rouge	rouge	rouges	rouges

A few adjectives of colour, and all colours consisting of more than one word, do not change, e.g. marron, orange, bleu clair, vert foncé, bleu marine.

m	*f*	*m pl*	*f pl*
marron	marron	marron	marron

C'est de quelle couleur? *What colour is it?*

Exemple: 1   C'est un pull rouge.

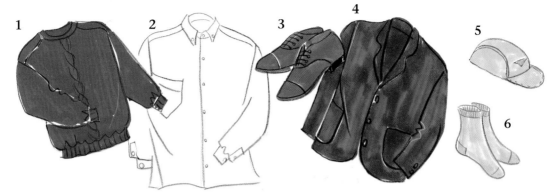

List what you are wearing, saying what colour everything is.

Exemple: Je porte un(e) …

D Some adjectives are irregular.

m	f	m pl	f pl	
beau/bel*	belle	beaux	belles	*nice/beautiful*
bon	bonne	bons	bonnes	*good/nice*
gros	grosse	gros	grosses	*fat*
nouveau/nouvel*	nouvelle	nouveaux	nouvelles	*new*
long	longue	longs	longues	*long*
sec	sèche	secs	sèches	*dry*
vieux/vieil*	vieille	vieux	vieilles	*old*

The starred forms are used before nouns beginning with a vowel and some nouns beginning with 'h'.

Remplis les blancs. *Fill in the missing word.*

1 Au revoir, et .... nuit!

2 Il fait .... aujourd'hui.

3 J'ai acheté une .... trousse.

4 Elle a les cheveux .... et bouclés.

5 Mon chien a 12 ans. Il est très ....

6 La vue d'en haut de la Tour Eiffel est très ....

7 Le voyage est .... et ennuyeux.

8 Voici un shampooing hydratant pour les cheveux ....

9 Sarah est grande et ....

10 Notre maison est assez ....

11 Obélix est ....

12 .... appétit!

E Des mots utiles *Some useful words*

assez = *quite*   très = *very*   trop = *too*

Remplis les blancs. *Fill in the missing word.*

1 Maurice mesure 1,89 m. Il est … grand.

2 Je n'ai pas … d'argent pour acheter ce pull.

3 Il coûte … cher.

4 Beurk! Le gâteau est … sucré.

5 Avez-vous … de livres pour tout le monde?

7 Ce soir

1 Parlez à deux.

● Qu'est-ce qu'on va faire ce soir?
▲ On pourrait ...

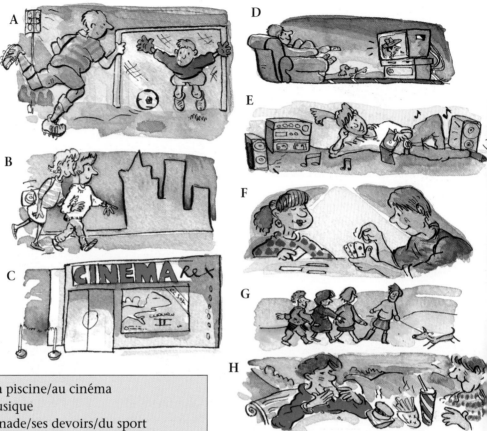

aller en ville/à la piscine/au cinéma
écouter de la musique
faire une promenade/ses devoirs/du sport
jouer aux cartes/au foot/au tennis/sur l'ordinateur
manger au McDo
regarder la télé/une vidéo
dessiner/danser/lire/sortir

2 Ecoute: Qu'est-ce qu'ils vont faire ce soir? (1–9)

Exemple: 1 A

3 Parlez à deux.

a Choisis, en cachette, une activité pour ce soir.
   Choose, in secret, an activity for this evening.

b Pose des questions à ton/ta partenaire pour savoir ce qu'il/elle a choisi.
   Ask your partner questions to find out what he/she has chosen.

   ● Veux-tu (aller au cinéma) ce soir?
   ▲ Non, je ne veux pas (aller au cinéma). Veux-tu (regarder la télé)?
   ● Non. Veux-tu ...?
   ▲ Oui, je veux bien.

4 Ecoute: Un sondage *A survey*
Remplis la grille.

	A beaucoup/ souvent	B un peu/ de temps en temps	C pas du tout
1 Regardes-tu la télé? 2 Vas-tu au cinéma? 3 Fais-tu du sport?			

5 **a** Et toi? Prépare tes réponses.

b Interviewe ton/ta partenaire.
Copie et complète la grille.

	moi	mon/ma partenaire
Télévision Cinéma Sport		

6 Ecoute: Ils vont se retrouver où? A quelle heure? (1–8)

Exemple: 1 C 17h45

A devant le cinéma   B devant la piscine   C chez moi

D en ville   E à l'arrêt de bus   F chez Eric

à
17h45   18h00   18h30   18h45   19h15   19h30

7 Laisse des messages. *Leave messages.*

Exemple: On va ... . On se retrouve ... à ...

1   2   3   4

16h30   17h15   20h00   19h30

Chez toi

Qu'est-ce qu'on va faire samedi soir? Laisse un message pour un copain/une copine.

On va ... samedi soir. On se retrouve ... à ...

8 A la télé

1 C'est quelle sorte d'émission?
What sort of programme is it?

A/B/...,	ce sont les actualités
	c'est la météo

A  B  C  D

E  F  G  H

les actualités	une émission pour les enfants
un dessin animé	un feuilleton
un documentaire	la météo
une émission de sport	une pub(licité)

2 Une interview

a Prépare tes réponses.

1 Qu'est-ce que tu regardes à la télé? Je regarde (Home and Away) et ...
2 Ce sont quelles sortes d'émissions? (Home and Away) est (un feuilleton) et ...
3 Quelle est ton émission préférée? Mon émission préférée, c'est ...

b Pose les questions à ton/ta partenaire et note les réponses.

Il/Elle regarde ... . C'est un(e) ...
Son émission préférée, c'est ...

3 Ecoute: Quelle sorte d'émission regardent-ils? (1–8)

Exemple: 1 H (feuilletons)

4 Quelles émissions préfèrent-ils?
Voici les résultats d'un sondage de classe.
Ecris un résumé.

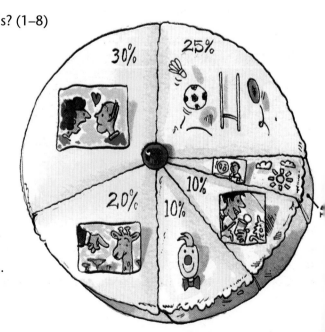

Exemple:
...% des élèves préfèrent les (documentaires).
Personne ne préfère les ...
Les émissions préférées de la classe sont les ...

5 Ecoute: Qu'est-ce qu'ils vont regarder à la télé ce soir? (1–6)

6 Parlez à deux: Commencez à tour de rôle.
Indique une émission. Ton/Ta partenaire parle.

● News at Ten/Animal Hospital
▲ Ce sont les actualités./
C'est une émission sur les animaux.
J'aime regarder ça./
Je n'aime pas regarder ça.
C'est génial/nul/marrant/intéressant/
idiot/ennuyeux.

EastEnders
News and Weather
Match of the Day
Wildlife on One
Star Trek
Blue Peter
The Bill
Coronation Street

7 Choisis cinq émissions.
Ecris trois phrases sur chaque émission.

Chez toi
a Qu'est-ce que tu regardes le week-end? Fais une liste.
b Ce sont quelles sortes d'émissions?
c Combien de temps passes-tu devant la télé le samedi et le dimanche?

Nom: Dion **Prénom:** Céline
Date de naissance: 30 mars 1968
Lieu de naissance: Charlemagne, Québec, Canada
Signe astrologique: Bélier
Taille: 1,68 m
Poids: 53 kg
Situation de famille: mariée
Frères et soeurs: 5 frères et 8 soeurs
Elle adore: les gens honnêtes
Elle déteste: les gens faux
Acteurs préférés: Anthony Hopkins, Jack Nicholson
Actrices préférées: Juliette Lewis, Audrey Hepburn
Chanteurs préférés: Stevie Wonder, George Michael
Chanteuses préférées: Barbra Streisand, Annie Lennox
Enfance/adolescence: 'J'ai grandi dans une famille qui aimait la musique. J'ai eu une enfance très heureuse. J'ai commencé à chanter professionnellement à l'âge de 14 ans.'
Discographie: 'Unison', 1991; 'Céline Dion', 1993; 'The Colour Of My Love', 1994; son album 'D'Eux', enregistré en 1995, est l'album le plus vendu en France de tous les temps; 'Falling Into You', 1996; 'Live In Paris', 1996.

Nom: Depardieu **Prénom:** Gérard
Date de naissance: 27 décembre 1948
Lieu de naissance: Châteauroux, France
Signe astrologique: Capricorne
Situation de famille: deux enfants:
    Guillaume et Julie
Acteurs préférés: Robert de Niro,
    Michel Simon
Actrices préférées: Catherine Deneuve,
    Isabelle Adjani

Il adore: la région de l'Anjou, la bonne cuisine et le vin. Il possède des vignobles et un château en Anjou, où il fabrique et récolte son propre vin. 'Je suis un paysan. J'aime me lever quand le soleil se lève et me coucher quand il se couche.'
Films: En 1965, il tourne son premier film 'Le Beatnik et le Minet'. Le public britannique et américain le découvre dans 'Green Card' avec l'actrice américaine Andie McDowell. En 1990, 'Cyrano de Bergerac' reçoit un immense succès auprès du public français et de la critique. Dans le film 'Le plus beau métier du monde', sorti sur les écrans en novembre 1996, il joue le rôle d'un professeur d'histoire-géo dans un collège de banlieue (photo ci-dessus).

1 Ecris: Choisis Céline Dion ou Gérard Depardieu et fais un petit rapport.

Il/Elle s'appelle …
Il/Elle a … ans.
Il/Elle né(e) à …
Il/Elle est …
Il/Elle aime …
Il/Elle n'aime pas …
Son/Sa/Ses … préféré(es) est/sout …

2 Copie et complète la fiche d'identité de Marianne et de Gilles.
Copy and fill in Marianne's and Gilles' identity forms.

Fiche d'identité

Nom ....

Prénom ...... *Marianne* ....

Date de naissance ....

Lieu de naissance ....

Taille ....

Domicile ....

Situation familiale ....

Animaux domestiques ....

Loisirs ....

«Je m'appelle Marianne Dupont. Je suis canadienne. Je suis née au Canada, à Montréal, le 15 octobre 1975. Je mesure 1,67 m. J'habite maintenant à Paris. Je suis mariée et j'ai un fils qui s'appelle Marc. Mon premier disque s'appelait «Les jours de l'année». Mon plus grand succès est la chanson «Les feuilles qui tombent». Pendant mon temps libre, j'aime lire et jouer de la guitare. Mes sports préférés sont l'équitation, la natation et le ski. J'ai deux chats qui s'appellent Tom et Jerry.»

Je m'appelle Gilles Brunot. Je suis né le 14 avril 1975 à Lausanne en Suisse, mais j'habite maintenant aux Etats-Unis. Je suis très grand: je mesure 1,84 m. Ma passion, c'est le basket. Je fais partie de l'équipe Blue Rangers. Je ne suis pas marié, mais j'ai un grand chien noir qui s'appelle Lolo. Quand je ne joue pas au basket, j'aime faire de la moto et nager.

Chez toi
Choisis un chanteur/une chanteuse; un sportif/une sportive; un présentateur/ une présentatrice de télé etc. et complète une fiche d'identité.

On fait la fête

Noël

Pâques

Le premier avril

Le Jour de l'An

A C'est quel jour? C'est à quelle date?

1 Le père Noël nous apporte des cadeaux.
2 On va à la messe, et on mange des oeufs et des lapins en chocolat.
3 On découpe des poissons et on les colle dans le dos du prof, et on dit: «Poisson d'avril!»
4 On se couche tard et on boit du champagne.

1er AVRIL

1er JANVIER

25 DECEMBRE

13 AVRIL

B Que faites-vous?

Exemple: A Noël, nous avons un sapin de Noël.

Nous nous offrons des cadeaux.	Nous allons à la messe.
Nous nous couchons très tard.	Nous mangeons de la dinde.
Nous mangeons des oeufs en chocolat.	Nous faisons des blagues.
Nous n'allons pas au collège.	Nous avons un sapin de Noël.

C Qu'est-ce qu'on va faire le jour de son anniversaire? C'est quelle image?

1 Je vais manger au McDo avec mes copains.

2 On va aller au bord de la mer. On va jouer à la plage.

3 On va aller au parc d'attractions. J'aime les manèges.

On va faire un barbecue ou un pique-nique.

5 On ne va rien faire.

7 On va aller au cinéma et après on va manger une pizza.

6 Je vais aller à Londres avec mes parents.

D Qu'est-ce que tu voudrais faire le jour de ton anniversaire?
Avec qui?

Exemple: Je voudrais aller/faire ...
        avec mes parents/mon copain/ma copine/mon frère/ma soeur /...

E Qu'est-ce que tu as fait?

Je suis allé(e) au/à la/... avec ...
J'ai mangé/visité ...
Je n'ai rien fait.

 **Bilan**

Check that you can ...

1 talk about clothes and shoes:

- Name five items of clothing   le pull, le pantalon, la veste, la chemise, les chaussures
- Say what colour they are   Il/Elle est bleu(e)/blanc(he).

  Ils/Elles sont noir(e)s.
- Say what you are wearing   Je porte ...
- Ask what someone's favourite colour is   Quelle est ta couleur préférée?
- Say what your favourite colour is   Ma couleur préférée, c'est le ...
- Say what size shoes you take   Je fais du 39.
- Ask what someone prefers and why   Qu'est-ce que tu préfères? Pourquoi?
- Say which things you prefer
  and why   Je préfère les tennis rouges,

  parce qu'elles sont chic.

2 buy presents:

- Say that you want to buy a present
  and who it is for   Je voudrais un cadeau

  pour mon père/ma mère.
- Ask how much something costs   Le/La ... coûte combien?

  Les ... coûtent combien?

3 talk about food and drink:

- Say what you want to eat and drink   Je prends une pizza et une limonade.
- Say what you ate and drank yesterday   Hier, j'ai mangé ... et j'ai bu ...
- Ask for something you need   Avez-vous (encore) du pain?

  Je n'ai pas de couteau.

4 talk about lost property:

- Say what you have lost   J'ai perdu mon sac/ma veste/mes gants.
- Describe it/them   Il/Elle est grand(e) et blanc(he).

  Ils/Elles sont petit(e)s et bleu(e)s.

5 talk about evening activities:

- Ask what someone would like to do   Veux-tu sortir ce soir?
- Suggest something   On pourrait aller au cinéma.
- Make arrangements   On se retrouve à ... h devant ...
- Ask whether someone does something   Fais-tu du sport?
- Say whether you do something often   Oui, souvent/de temps en temps.

  Non, pas du tout.

6 give information about someone: Il/Elle s'appelle ...

Il/Elle a ... ans.

Il/Elle est ...

Il/Elle habite ...

Il/Elle aime/n'aime pas ...

Son/Sa ... préféré(e) est ...

Contrôle révision

A Ecoute: Qu'est-ce qu'ils achètent? Ça coûte combien? (1–4)

A    C   E   G    I

B    D   F   H    J

un pull   des chaussettes   des lunettes de soleil   un tee-shirt   un sac

B Parle: Travaille avec un(e) partenaire. Posez les questions à tour de rôle.

▲ G, qu'est-ce que c'est?   ● C'est (un tee-shirt jaune).
▲ Qu'est-ce que tu préfères?   ● Je préfère (le tee-shirt blanc).

C Lis: Quel est le sac de Juliette?

PETITES ANNONCES

J'ai perdu mon sac. C'est un sac bleu marine avec un motif blanc. Dans mon sac il y avait ma trousse, mes livres et mes affaires de gym. Juliette Dassin

Qui a vu mes tennis

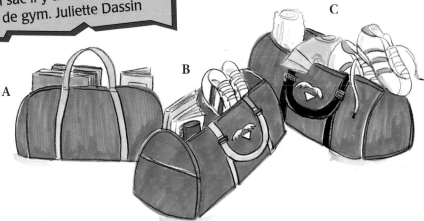

D Tu as perdu ton sac. Ecris une petite annonce.

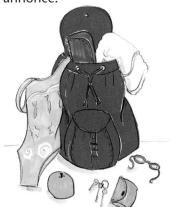

En France

1 Connaissez-vous la France?

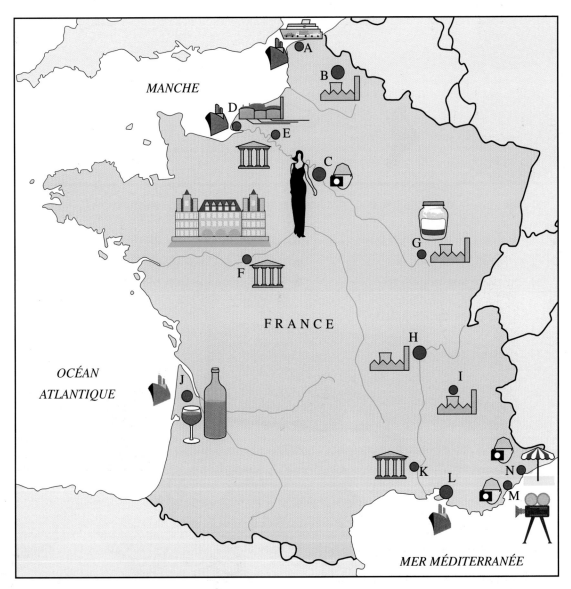

1 Brainstorming: Fermez le livre.
Combien de villes françaises pouvez-vous nommer en trois minutes?
How many French towns can you name in three minutes?

2 Ecoute: C'est quelle ville?

Avignon	Grenoble	Nice
Bordeaux	Le Havre	Paris
Calais	Lille	Rouen
Cannes	Lyon	Tours
Dijon	Marseille	

3 C'est quelle sorte de ville?

(Rouen) est	une ville	historique industrielle touristique
	une grande/petite ville un port	

4 Et chez toi? Copie et complète.

Exemple: 1 York est une ville touristique.

1 ... une ville touristique.
2 ... un port.
3 ... une grande ville.

4 ... une ville historique.
5 ... une ville industrielle.
6 ... une petite ville.

5 a C'est quel drapeau?

1

2

3

4

5

6

Allemagne	Belgique	Espagne	France	Italie	Pays-Bas	Suisse

b Ça vient de quel pays? Fais une liste.

Exemple: le camembert – France

le camembert   la pizza   le flamenco   le chocolat   la bière

Chez toi

Fais des recherches. *Do some research.*
Choose five of the French towns and find out something about them.

Exemple: There is a famous film festival at ...

2 *La France touristique*

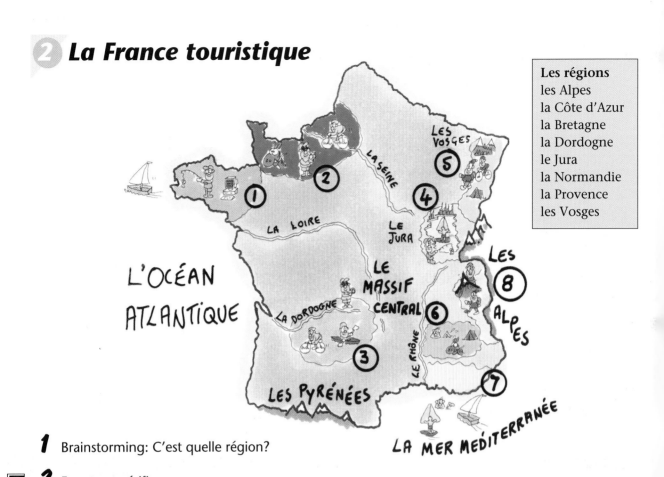

Les régions
les Alpes
la Côte d'Azur
la Bretagne
la Dordogne
le Jura
la Normandie
la Provence
les Vosges

1 Brainstorming: C'est quelle région?

 2 Ecoute et vérifie.

3 Parlez à deux. Posez les questions à tour de rôle.

- ● A, qu'est-ce que c'est?
- ▲ C'est ...
- ● Où peut-on faire ça?
- ▲ Dans/En/Sur ...
- ● As-tu déjà fait ça?
- ▲ Oui, souvent/quelquefois/une fois./Non, jamais.

le camping
le canoë-kayak
l'escalade
la natation
la pêche
la planche à voile
la randonnée
un stage d'équitation
un stage d'informatique
le vélo
une visite touristique
la voile

dans	les Alpes/le Jura/les Vosges
en	Bretagne/Provence/Normandie/Dordogne
sur	la Côte d'Azur

4 Ecoute: Où vont-ils? Pendant combien de temps? (1–8)

Exemple: 1 3 (Dordogne), C (deux semaines)

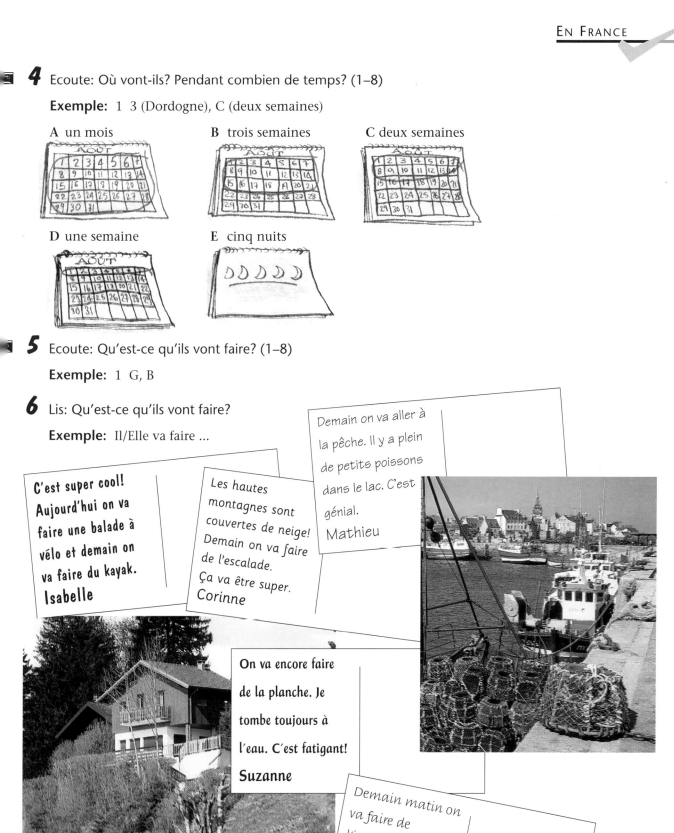

A un mois

B trois semaines

C deux semaines

D une semaine

E cinq nuits

5 Ecoute: Qu'est-ce qu'ils vont faire? (1–8)

Exemple: 1 G, B

6 Lis: Qu'est-ce qu'ils vont faire?

Exemple: Il/Elle va faire ...

Demain on va aller à la pêche. Il y a plein de petits poissons dans le lac. C'est génial.
Mathieu

C'est super cool! Aujourd'hui on va faire une balade à vélo et demain on va faire du kayak.
Isabelle

Les hautes montagnes sont couvertes de neige! Demain on va faire de l'escalade. Ça va être super.
Corinne

On va encore faire de la planche. Je tombe toujours à l'eau. C'est fatigant!
Suzanne

Demain matin on va faire de l'informatique et l'après-midi on va faire de la planche.
Auban

Chez toi

Où vas-tu aller? Qu'est-ce que tu vas faire?

Je vais aller ..., je vais faire ...

3 On part en vacances

Caroline

Elise

Damien

André

Jeanne

Luc

1 A deux: Où vont-ils?

André/Elise/...	va	**A** au bord de la mer **B** à la montagne **C** à la campagne **D** dans une grande ville
	reste	**E** à la maison

 2 Ecoute: Où vont-ils? (1–6)

Exemple: 1 A

 3 Ecoute: Où est-ce qu'ils préfèrent aller? Pourquoi? (1–6)

Exemple: 1 B c, f

... parce que j'aime ...
a aller à la plage
b faire du camping
c faire de l'escalade
d faire les magasins
e faire des randonnées
f faire du ski
g nager
h me reposer
i visiter les monuments

4 A deux: Parlez à tour de rôle. Qu'est-ce qu'ils disent?

Exemple: Je préfère aller/rester ..., parce que ...

1

2

3

4

5

6

5 Un sondage

a Prépare tes réponses.

Où préfères-tu aller pendant les grandes vacances? Pourquoi?

J'aime aller/rester ...
Parce que j'aime ...

b Interviewe six personnes. Note les réponses.

c Ecris un résumé.

Je préfère aller/rester ..., parce que j'aime ...
Scott/Sarah préfère aller/rester ..., parce qu'il/elle aime ...
Il y a (deux) personnes qui préfèrent ..., parce qu'elles aiment ...

6 Où vont-ils?

Exemple: Delphine va ...

Je vais au bord de la mer.

Delphine

Je vais faire du camping à la campagne.

Sandrine

Je vais à la montagne.

Moussa

Je reste à la maison.

Patrice

MINI-TEST 9

Can you ...?

a name five French cities
b say what sort of places they are
c name three French holiday regions
d say what you can do there
e say where you prefer to go on holiday and why
f ask where someone prefers to go and why

Récréation

A Test: Connais-tu la France et les Français?

Peux-tu nommer ...?

1 une montagne française
2 une rivière
3 un monument
4 un vin français
5 un fromage
6 une marque de voiture française
7 une maison de couture
8 une marque de parfum
9 un grand homme
10 une grande dame
11 un acteur/comédien
12 une actrice/comédienne
13 un(e) scientifique
14 un sportif/une sportive

B Les panneaux

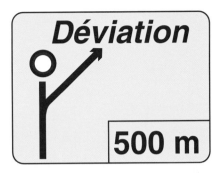

Entrée

Passage souterrain

Zone piétonne

poussez

Tirer

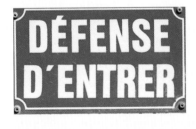

Diversion
Emergency exit
Entrance
Exit
Motorway
No entry
Pedestrian zone
Private property
Pull
Push
Toll
Underpass

115

4 En voyage

1 Ecoute: Où vont-ils? Comment voyagent-ils? (1–8)

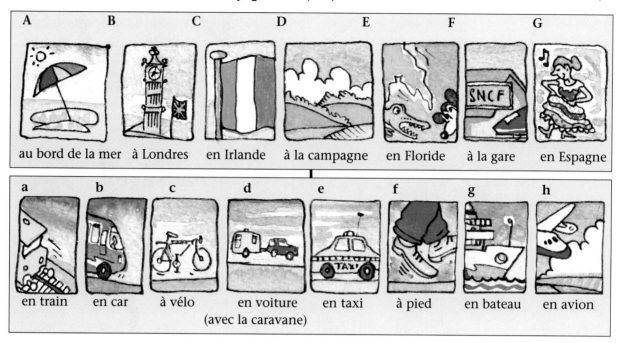

A au bord de la mer   B à Londres   C en Irlande   D à la campagne   E en Floride   F à la gare   G en Espagne

a en train   b en car   c à vélo   d en voiture (avec la caravane)   e en taxi   f à pied   g en bateau   h en avion

2 Ecoute: Comment préfèrent-ils voyager? Pourquoi? (1–8)

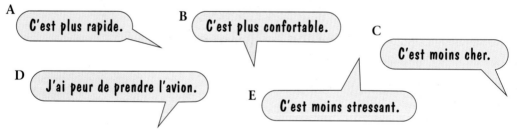

A C'est plus rapide.

B C'est plus confortable.

C C'est moins cher.

D J'ai peur de prendre l'avion.

E C'est moins stressant.

3 a A deux: Parlez à tour de rôle.
Faites quatre phrases sur chaque image.

b Ecris les phrases.

Exemple: A, c'est le train.
Pour aller à Londres, on prend le train.
Je n'aime pas voyager en train.
Je préfère partir en voiture, c'est moins stressant.

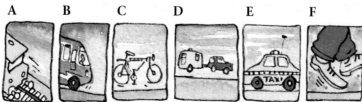

Pour aller	à Londres/Paris/New York au collège/au centre-ville en ville/à la gare/au supermarché	on prend	le bus/le bateau/l'avion/ le car/un taxi/le métro
On va		en voiture/à vélo/à pied	

Salut!

Enfin, le collège est fini! Demain on part en vacances, mes parents, mon petit frère et moi. Nous allons passer les vacances au bord de la mer, comme chaque année. On y va pour un mois. On part en voiture avec la caravane. La route est longue, mais on voyage la nuit et mon frère et moi allons dormir dans la voiture. On a réservé un emplacement dans un camping à 20 mètres de la plage. Il y a aussi un bar et une piscine au camping. On va nager, jouer au volley, faire de la planche à voile et des balades à vélo. Qu'est-ce que tu vas faire pendant les vacances?

A bientôt.

Guillaume

4 Lis la lettre de Guillaume. Trouve et copie les mots qui indiquent …
Find and copy out the words which indicate …

1 où il va passer ses vacances cette année
2 combien de temps il va y passer
3 avec qui il va partir en vacances
4 comment ils vont voyager
5 l'opinion de Guillaume sur le voyage
6 quand il part en vacances
7 où il va loger pendant les vacances
8 les activités prévues pendant les vacances

5 Ecris une réponse à Guillaume.
Où vas-tu passer les vacances? Comment voyages-tu? Avec qui? etc.

Chez toi

Où vont-ils passer les vacances? Comment vont-ils voyager?

Il/Elle va passer les vacances à/en/aux …
Il/Elle va voyager en …

5 Le camping

A

Au vieux moulin

Camping à la ferme

– Ouverture début juin–
   fin août
– 20 emplacements
– prix raisonnables
– bloc sanitaire
– pêche, équitation, canoë,
   randonnées
– dépôt de gaz
– chiens interdits

B

Les sables d'or

CAMPING MUNICIPAL DE LA PLAGE

★ Ouverture début avril–fin octobre
★ à 20 mètres de la plage
★ 300 emplacements ombragés
★ piscine, tennis, mini-golf, volley-ball
★ douches; machines à laver
★ alimentation, restaurant, bar, disco
★ location vélos, planches à voile
★ branchement électricité
★ chiens acceptés

1 C'est à quel camping?

2 Lis et réponds aux questions.

Quel camping est ...?

1 près de la plage   2 le plus grand   3 le plus tranquille   4 le moins cher

3 **a** Ecoute: Quel camping préfèrent-ils? Pourquoi? (1–6)

Exemple: 1 B, près de la plage

b Et toi? Quel camping préfères-tu? Pourquoi?

Je préfère ... parce que ...

118

4 Copie et complète la lettre pour le camping.

adultes
au
brochure
emplacement
enfants
piscine
renseignements
tente
vélos

20 High Street
Billington
le 30 mai

Monsieur,

Avez-vous un _____ pour une _____ du 14 juillet __ 28 juillet? Nous sommes deux _____ et trois _____.

Pouvez-vous m'envoyer la _____ du camping et des _____ sur la région et m'indiquer vos tarifs? Est-ce qu'il y a une _____? Est-ce qu'on peut louer des _____?

Je vous remercie d'avance.

Sincères salutations,

5 Jeu de rôles: A l'hôtel

Bonsoir, monsieur/madame.

Bonsoir. Je peux vous aider?

Avez-vous une chambre/des chambres de libre?

Pour combien de nuits?

Pour combien de personnes?

Vous voulez une chambre avec W.-C., douche ou salle de bains?

Avec ...

Chambre(s) numéro(s) ... au troisième étage. Voilà la clé/les clés.

Merci. Il y a un ascenseur?

Oui. Le voilà.

Chez toi

Choisis un camping. Ecris une lettre pour réserver un emplacement pour ta famille.

Je voudrais réserver un emplacement pour (une tente/une caravane/un camping-car), du (22 juillet) au (15 août).
Pouvez-vous nous envoyer (la brochure/une liste de vos tarifs/des renseignements sur la région/...)?
Est-ce qu'il y a (un terrain de sport/tennis/volley/une piscine/...)?
Est-ce qu'on peut louer (des planches/des vélos/des V.T.T./...)?

6 Au syndicat d'initiative

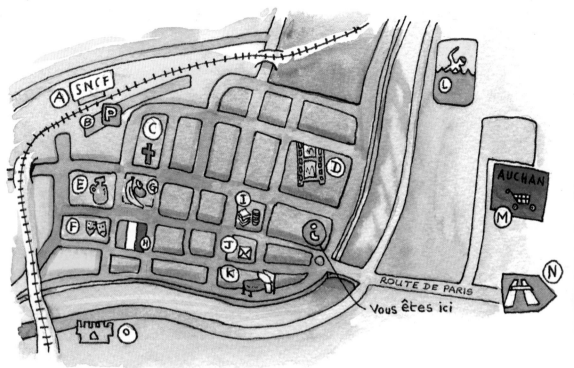

Légende

l'autoroute	l'église	le parking
la banque	la gare	la piscine
le centre commercial	l'hôtel	la place du marché
le château	l'hôtel de ville	la poste
le cinéma	le musée	le théâtre

1 Ecoute: Où vont-ils? (1–6)   **Exemple:** 1 l'hôtel

2 a Ecoute: Ils sont au syndicat d'initiative.
Où veulent-ils aller? (1–6)   **Exemple:** 1 H (l'hôtel de ville)

b Indique-leur le chemin. *Tell them the way.*

C'est tout près.	Prenez la première/deuxième/... rue à gauche/droite. Allez tout droit. Traversez la place/le pont. Tournez à gauche/droite au carrefour/aux feux.
C'est loin.	Prenez un bus (numéro ...)/un taxi/le métro. Prenez la direction de ... Continuez tout droit. Suivez les panneaux.

3 Jeu de rôles

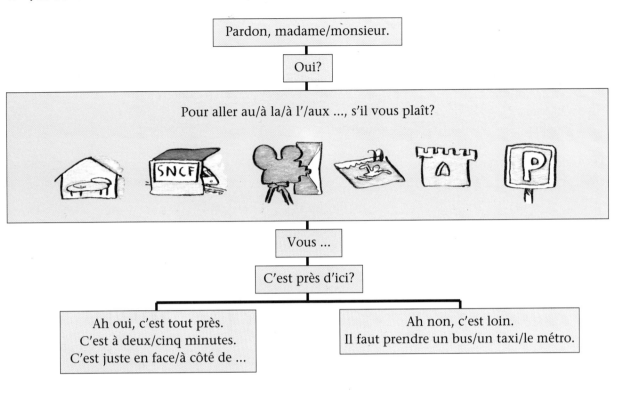

Pardon, madame/monsieur.

Oui?

Pour aller au/à la/à l'/aux ..., s'il vous plaît?

Vous ...

C'est près d'ici?

Ah oui, c'est tout près.
C'est à deux/cinq minutes.
C'est juste en face/à côté de ...

Ah non, c'est loin.
Il faut prendre un bus/un taxi/le métro.

4 At the information office. Now prepare what you would say to help these French-speaking visitors.

1 Où est Harrods?

2 Pour aller à la gare, s'il vous plaît?

3 Pour aller à Tower Bridge?

4 Il y a un parking près d'ici?

5 Où est l'autoroute?

6 Pour aller au musée des sciences?

MINI-TEST 10

Can you ...?

a say what transport you use to go to school/to town/on holiday
b say which you prefer and why
c book a campsite pitch or a hotel room
d ask the way
e give directions
f ask and say if a place is near or far

Rendez-vous 5   *Pour aller ...?*

A Les endroits en ville *Places in town*

▶ **Le, la** ou **les?**

1 cathédrale
2 centre commercial
3 château
4 cinéma

5 église
6 gare
7 hôtel
8 musée

9 magasins
10 toilettes

B Asking for directions

	m (le/l')	f (la/l')	pl (les)	
Pour aller	au/à l'	à la/à l'	aux	...?

▶ Ask for directions to these places.

Exemple: 1 Pour aller au château?

3   4   5   6   7   8

C Saying if something is near or far

C'est tout près.	C'est à deux/cinq minutes. C'est juste en face/à côté de ...
C'est loin.	Il faut prendre un bus/un taxi/le métro.

▶ What would you say?

1   2   3   4   5   6

D Giving directions

Remember to use the **vous** form when

1 speaking to someone older than you
2 speaking to more than one person.

Prenez la première/deuxième/... rue à gauche/droite.	Prenez un bus (numéro...)/un taxi/le métro.
Allez tout droit.	Prenez la direction de ...
Traversez la place/le pont.	Continuez tout droit.
Tournez à gauche/droite au carrefour/aux feux.	Suivez les panneaux.

122

L'année dernière ...

To talk about what you did last year, you use the perfect tense: passé composé

E Saying what 'I' or 'we' have done

J'ai/Nous avons	fait	du parapente/du vélo/du skate des randonnées/des pique-niques de l'équitation
	joué	au foot/au tennis/aux cartes
	lu	des livres/des B.D./des magazines
	regardé	la télé/des vidéos
	dansé/nagé/travaillé	

Je me suis Nous nous sommes	reposé(e) reposé(e)s	
Je suis Nous sommes	allé(e) allé(e)s	au cinéma/en ville aux Etats-Unis
Je suis Nous sommes	resté(e) resté(e)s	à la maison

What would these people say?   **Exemple:** 1 Nous avons fait du vélo.

1  **2**   **3**   **4**   **5**

F Saying what someone else has done

Il/Elle a	fait	de la planche à voile/des pique-niques
	joué	au tennis/aux cartes
Il est Elle est	allé allée	au bord de la mer/en Espagne
Il est Elle est	resté restée	à la maison

▶ What did they do?

Exemple: 1 Elle a fait des pique-niques.

1   **2**

3   **4**

Et l'année prochaine ...

G Saying what you are going to do

Je vais Nous allons Il/Elle va	faire	un stage d'informatique un stage de planche à voile
	visiter	New York

7 *Visite en France*

Echange Tours–Newtown
PROGRAMME DE LA VISITE

Lundi 14 avril	16h	Arrivée des visiteurs au collège Jules-Verne
		Reste de la journée en famille
Mardi 15	8h	Visite du collège
	14h	Départ pour visite guidée de la ville
Mercredi 16	10h	Complexe sportif (football/tennis/volley)
	14h	Départ en car pour visite des châteaux
Jeudi 17	7h	Départ en train pour Paris
Vendredi 18	10h	Balade à vélo et pique-nique
Samedi 19		Matinée en ville
	19h	Fête au collège
Dimanche 20	7h	Départ des visiteurs en car

1 Ecoute: C'est quel jour? (1–5)

Exemple: 1 lundi

2 Ecoute: C'était comment? (1–5)

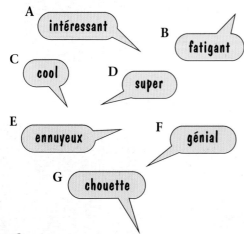

A intéressant
B fatigant
C cool
D super
E ennuyeux
F génial
G chouette

3 Copie et complète le journal.
Copy and fill in the diary.

AVRIL

LUNDI 14
Nous sommes arrivés à …

MARDI 15
Ce matin, nous avons visité … . C'était …
Cet après-midi, nous avons … . C'était …

MERCREDI 16
Ce matin, nous sommes allés …
Nous avons joué au … . C'était …
Cet après-midi, nous avons visité …
C'était …

JEUDI 17
Aujourd'hui, nous sommes allés à …
C'était …

VENDREDI 18 Nous avons fait … . C'était …

SAMEDI 19
Je suis allé(e) en ville avec … pour
faire les magasins.
Le soir, nous sommes allés …

DIMANCHE 20

4 Une journée à Paris. Copie et complète le texte.

La tour Eiffel

L'arc de Triomphe

Les Champs-Elysées

Le Louvre

La Cité des Sciences

Notre-Dame

Chez toi

Prépare un programme pour la visite du collège Jules Verne chez vous.

8 Au collège Jules Verne

1 Parlez à deux. C'est quelle matière?
Comment trouvez-vous la matière? Pourquoi?

Exemple: D, c'est le français. J'aime le français,
parce que c'est intéressant.

l'anglais
le dessin
l'éducation civique
l'EMT (éducation manuelle et technique)
l'EPS (éducation physique et sportive)
l'espagnol
le français
l'histoire-géo
l'informatique
les maths
la musique
les sciences

difficile	ennuyeux
facile	important
intéressant	nul super

2 Ecoute: Copie et complète l'emploi du
temps d'Agnès.
Copy out and fill in Agnès' timetable.

3 Ecoute: Comment trouve-t-elle
les matières?

NOM: ___CHARTIER___

Prénom: ___Agnès___

Classe: ___Quatrième___

☐ Externe   ☐ Demi-pensionnaire

☐ Demi-pensionnaire utilisant le ramassage scolaire

HORAIRES	Lundi	Mardi	Mercredi	Jeudi	Vendredi	Samedi
8 h. à 9 h.						
9 h. à 10 h.						
10 h. à 11 h.						
11 h. à 12 h.						
12 h. à 13 h.						
13 h. à 14 h.						
14 h. à 15 h.						
15 h. à 16 h.						
16 h. à 17 h.						

4 Ecoute: Le collège
Copie et complète.

Je pars de la maison à ...
Les cours commencent à ...
Un cours dure ...
La récré dure ...
La pause de midi dure ...
Les cours finissent à ...
Je rentre à la maison à ...
Nous avons ... cours de maths par semaine.

5 Et chez toi? Copie et complète.

6 Le règlement du collège *The school rules*
Fais correspondre les phrases aux symboles.

1
Il est interdit d'entrer dans la salle de gymnastique sans porter de chaussures de tennis

2
Défense d'entrer dans le laboratoire quand le professeur est absent.

3
Faire la queue devant la porte.

4 **Ne pas marcher sur la pelouse**

5 **Défense absolue de fumer dans le collège**

6 **Défense de manger ou boire dans le CDI**

7 **Il est défendu de mâcher du chewing-gum dans la cantine**

8 **SORTIE DE SECOURS**

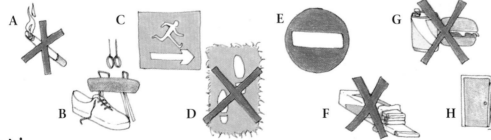

A   C   E   G

B   D   F   H

Chez toi
Ecris un règlement pour ton collège. *Write some rules for your school.*

Il est interdit de ...
Il ne faut pas ...
Défense de ...

Je suis bien arrivée au camping. Il fait un temps super. J'ai fait du canoë et on a nagé dans la rivière. Je t'embrasse.

Corinne

J'ai fait de la planche à voile sur le lac et de l'escalade en montagne. Il fait beau tous les jours. C'est super cool! Je me suis fait de nouveaux amis. Je t'embrasse.

Jacqui

Il fait beau. On passe la journée sur la plage et le soir on va danser. Il y a une disco au camping. J'ai une nouvelle petite copine. Elle s'appelle Amandine.
Salut

Nicolas

On a visité la ville, le château et le musée. On a fait des pique-niques. Je suis allée au cinéma et au parc d'attractions avec Jules.

Simone

Je fais un stage de sport. J'ai joué au tennis, au basket et au volley, j'ai fait de la planche, des balades à vélo ... je me suis reposé sur la plage, je me suis fait bronzer.

Ciao.   Guillaume

1 Ce sont les cartes de qui?

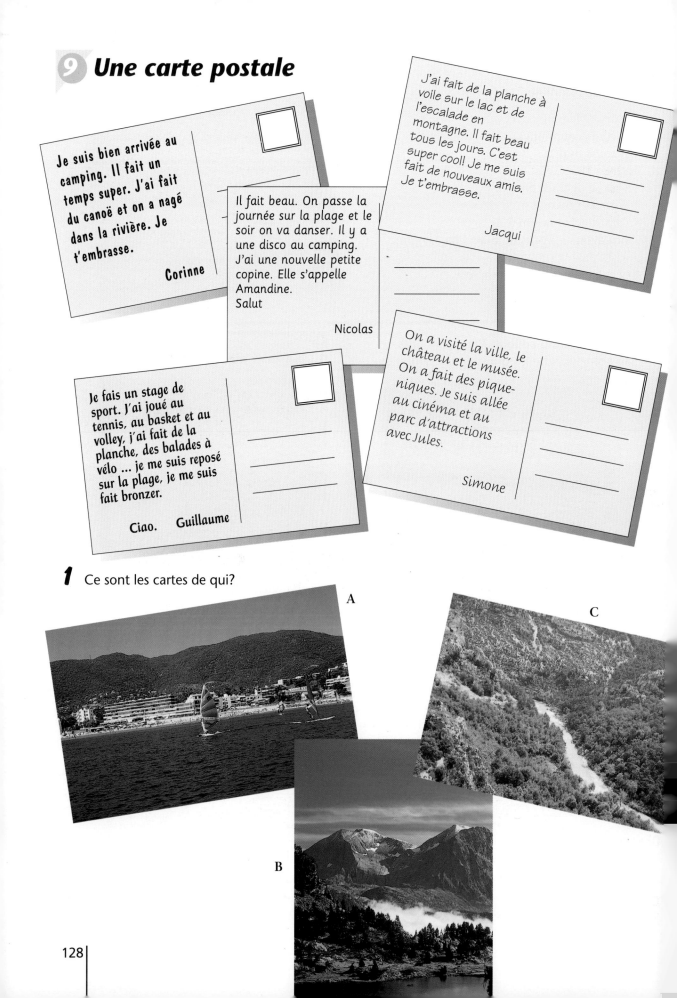

A

C

B

2 Qui est-ce?

1

2

3

4

3 Ecris une carte postale.

Salut!		
Je suis	allé(e)	à la campagne/au bord de la mer/à Paris/... avec ma famille/ma classe/mes copains/...
J'ai/Nous avons	joué	au tennis/foot/volley/...
	fait	du camping/du cheval/de la planche à voile/ des pique-niques/une randonnée/une balade à vélo/...
Je me suis	reposé(e)	
	fait	bronzer/de nouveaux amis
Je suis	allé(e)	au cinéma/au parc d'attractions/au musée/...
Nous sommes	allé(e)s	
Il fait	beau/chaud/froid	
Il y a	du soleil/du vent	
Il	pleut/neige	
Je t'embrasse ...		

Chez toi

Tu as passé une journée à Paris. Ecris une carte postale à Jules.

LES BELLES·ALPES

Logement

4 Hôtels: pension complète
2 Hôtels: demi-pension
2 Chambres d'hôtes (chambre + petit déjeuner)
4 Campings
1 Auberge de jeunesse

Location de matériel

V.T.T.
Planche à voile
Parapente

Pour le sportif ...

Tennis
Mini-golf
Natation (piscine non couverte)
Equitation
Parapente

Et si vous avez faim ou soif ...

6 Bars
4 Restaurants
2 Self-services

LES BELLES·ALPES

A Some friends want to visit Les Belles-Alpes. Write them a list of ...

- where they can stay
- what there is to do.

B Tu as passé les vacances aux Belles-Alpes.
Ecris une carte postale ou une lettre à ton/ta corres et raconte ce que tu as fait.

Bilan

Check that you can ...

1 say what you know about France:

- Name five French cities and
  say what sort of places they are
- Name three French holiday regions
- Say what you can do there

- Say what you are going to do there

Lille est une ville industrielle.
Avignon est une ville historique et touristique.
les Alpes, la Côte d'Azur, la Dordogne
On peut faire de l'escalade et du canoë-kayak.
On peut se reposer.
Je vais faire de la planche à voile.

2 talk about travel and accommodation:

- Say where you prefer to go on holiday

- Say what transport you use to go
  to school/to town/on holiday
- Say which transport you prefer
  and why
- Book a campsite pitch or a hotel room

Je préfère aller à la campagne/
au bord de la mer.
Pour aller au collège/en ville/en vacances,
on prend le car/le bus/le train.
Je préfère voyager en voiture,
parce que c'est plus rapide/confortable.
Avez-vous un emplacement pour ...?
Avez-vous une chambre de libre?

3 ask for and give directions:

- Ask the way
- Give directions
- Ask if a place is near
- Say if a place is near or far

Pour aller au cinéma/à la gare?
Vous prenez la première rue à gauche ...
C'est près d'ici?
C'est tout près.
C'est loin. Prenez un bus.

4 talk about school:

- Say what subject you like/dislike
  and why
- Talk about school rules

Je n'aime pas l'informatique, parce que c'est
ennuyeux.
Il est interdit de fumer dans le collège.

5 talk about last year's holidays:

- Say where you went
- Say what you did

Je suis allé(e) à la campagne/au bord de la mer.
J'ai joué au tennis/au foot.
J'ai fait du camping/une balade à vélo.
Je me suis reposé(e).

Contrôle révision

A Ecoute: Les vacances (1–6)
Où vont-ils? Ils partent pour combien de temps?

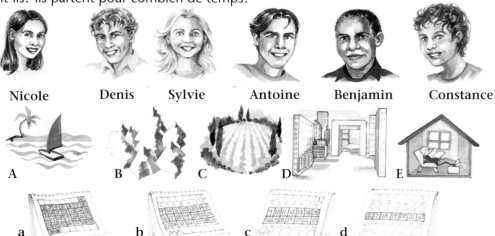

Nicole   Denis   Sylvie   Antoine   Benjamin   Constance

A   B   C   D   E

a   b   c   d

B Parle: Interviewe un(e) partenaire.

Où va (Benjamin/Sylvie)?
Qu'est-ce qu'il/elle va faire?
Où préfères-tu aller pendant les grandes vacances?
Qu'est-ce que tu aimes faire?

C Lis la carte postale. Que fait Pascal?

Je passe un mois à Nice. L'hôtel est près de la plage. Il fait chaud. Nous passons la journée à la plage. On fait du sport. J'ai fait un stage de planche à voile. Je nage, je joue au volley et je fais de la planche. Le soir, on va danser. Il y a une disco à la plage. C'est super!

Pascal

D Voici ce que tu fais. Ecris une carte postale à Pascal.

A vos plumes!

1 On va faire un magazine

1 A deux: Choisissez un titre pour le magazine.

Exemples:

La Presse de Elmfield High

La Une de Higham Towers

Les **Actualités**

BRUITS DE COULOIR

La Semaine

2 A deux: Qu'est-ce qu'on va mettre dans le magazine?
Faites une liste des articles et décidez qui va les faire.
Make a list of the articles and decide who is going to do them.

Les actualités – Rob
Tableau noir – Zoë
Météo – Rob
Foot – Zoë

1 Les actualités
2 Une interview (avec un(e) professeur, un(e) élève, etc.)
3 Une fiche d'identité (sportif/sportive, chanteur/chanteuse, comédien/comédienne, etc.)
4 Un sondage (sur les uniformes/le recyclage/le voyage au collège/la santé, etc.)
5 La pub (une crème pour traiter les boutons, etc.)
6 Le courrier des lecteurs (J'ai un problème ...)
7 Un reportage (sur les animaux, un voyage, la pêche, un match de foot, etc.)
8 La météo
9 Un horoscope
10 Un poème (La couleur bleue, Quand il fait chaud/froid, etc.)
11 Des blagues
12 Un jeu (Cherchez l'intrus, etc.)
13 Un test
14 Les petites annonces (Maison à vendre, etc.)
15 Renseignements (Réunion, Objets perdus/trouvés, etc.)

3 Lis: C'est quelle sorte d'article?

Exemple: A, c'est un reportage sur un match de foot.

A

Elmfield High 3, Higham Towers 0

Au match de foot samedi dernier, Daniel Burton a marqué son premier but après dix minutes. Il a marqué son deuxième but

B

Tony Fisher (9b) a perdu ses baskets. Qui a trouvé des Nike bleu foncé, pointure 41?

C

Réunion du cours de théâtre
Grande salle, jeudi 12h30

D

Aujourd'hui

Matin: Temps nuageux, vent fort du sud-ouest
Après-midi: risque de pluie

Prévisions pour la semaine

Début de semaine: Temps froid et beau, soleil
Fin de semaine: Temps froid, risque de neige

E

ACCIDENT DANS LA RUE DEVANT L'ECOLE PRIMAIRE

Nicholas Barnet (6 ans) a traversé la rue en courant après un ballon. Il a été renversé par une voiture. Heureusement, il n'est pas gravement blessé.

F

Je recherche des posters de footballeurs pour ma collection.
Sandra James, 8b

H

Je suis trop grosse. J'ai essayé de suivre un régime, mais je n'y arrive pas. Je n'aime pas les légumes et je déteste la salade. Je mange trop de chocolat et de chips. Qu'est-ce que je peux faire? Mélanie

G

Qui veut un petit chaton?
Nous avons six petits chatons tigrés adorables.
S'adresser à Joanne Price (8a)

4 Ecris des articles pour le magazine.
Prends des photos ou découpe des images dans les journaux et les magazines.
Take photographs or cut pictures out of newspapers and magazines.
Les pages suivantes vont t'aider. *The following pages will help you.*

2 *Fiche d'identité*

Petit portrait:

Patrick Swayze

> Quand j'en ai marre de la maison et du téléphone, je fais du cheval ... Je mets des provisions dans mes sacoches, et je m'en vais direction la forêt où je dors à la belle étoile ...

Nom: Swayze

Prénom: Patrick

Date de naissance: 18 août 1952

Lieu de naissance: Houston, Texas

Signe astrologique: Lion

Taille: 1,85 m

Poids: 78 kg

Cheveux: châtains

Yeux: bleus

Famille: Deux frères, Donny et Sean, et deux soeurs, Marcia et Bambi

Adore: Le sport, la danse, sauter en parachute, John Wayne et les balades en Harley Davidson.

---

j'en ai marre de = *I'm fed up with*
sacoche = *saddle bag*
à la belle étoile = *under the stars*

---

1 Lis la fiche et écris les réponses aux questions.

1 Où est-il né?

2 Il est de quel signe?

3 Il mesure combien?

4 Il pèse combien?

5 Il a les cheveux et les yeux de quelle couleur?

6 A-t-il des frères ou des soeurs?

7 Quelle sorte de personne est-ce?

2 Copie et remplis la fiche d'identité de la baleine.

Nom: ....

Domicile: ....

Taille: ....

Poids: ....

Durée de vie: ....

Signes particuliers: ....

Nourriture: ....

La baleine habite les mers. C'est le plus grand animal du monde: elle peut mesurer jusqu'à 30 mètres et pèse environ 150 tonnes. Elle vit environ 80 ans. Elle mange du plancton et elle respire par un évent, un trou sur le haut de la tête.

3 Fais la fiche d'identité **a** d'une personnalité, ou **b** d'un animal.

a Une personnalité

1 Choisis une personnalité, par exemple: un(e) sportif/sportive; chanteur/chanteuse; comédien/comédienne; présentateur/présentatrice; vedette de cinéma ou de télé, etc.
2 Découpe une photo dans un magazine ou un journal.
3 Fais des recherches sur la personne que tu as choisie.
4 Prépare ta fiche au brouillon.
5 Si possible, tape la fiche à l'ordinateur.

> comédien/comédienne = *actor/actress (not comedian!)*

b Un animal

1 Choisis un animal.
2 Fais des recherches dans une encyclopédie ou un livre:
   Où habite-t-il? Qu'est-ce qu'il mange? etc.
3 Dessine une image ou découpe une photo.
4 Prépare ta fiche au brouillon.
5 Si possible, tape la fiche à l'ordinateur.

3 Une interview

1 Ecoute: Une interview avec Manuel Deluso.

2 Fais un petit portrait par écrit. Copie et complète.

Manuel Deluso est .chanteur.et. . . . .

Il habite . . . .

Son anniversaire est . . . . . . et il a . . . . . ans.

Son signe astrologique est . . . .

Il a . . . . . . frères et . . . . . . soeurs.

Pendant son temps libre, il . . . .

Son chanteur préféré est . . . .

Il adore . . . .

Il déteste . . . .

3 Tu vas interviewer un(e) partenaire.

a Pose dix questions.

 Tutoyer!

Comment t'appelles-tu?
Quel âge as-tu?
Quand est ton anniversaire?
Tu es de quel signe?
Où habites-tu?
As-tu des frères ou des soeurs?
Que fais-tu pendant ton temps libre?
Qui est ton chanteur préféré?
Qui est ta chanteuse préférée?
Quel est ton plat préféré?
Quelle est ta boisson préférée?
Qu'est-ce que tu aimes?
Qu'est-ce que tu détestes?

b Ecris un petit résumé.

Il/Elle s'appelle ...
Il/Elle est ...
Il/Elle a ...
Son ...
Sa ...

4 Tu vas interviewer un(e) adulte.

a Pose dix questions.

 Vouvoyer!

Comment vous appelez-vous?
Où habitez-vous?
Avez-vous des frères ou des soeurs?
Que faites-vous pendant votre temps libre?
Qui est votre chanteur préféré?
Qui est votre chanteuse préférée?
Quel est votre plat préféré?
Quelle est votre boisson préférée?
Qu'est-ce que vous aimez?
Qu'est-ce que vous détestez?

b Ecris un petit résumé.

Il/Elle s'appelle ...

4 Un sondage et une pub

1 Les maths   **2** Les uniformes   **3** Les vacances

1   **a** Ecoute: Comment trouvent-ils les maths? (1–10)
Remplis la grille.

intéressant	nul	difficile	facile	bof

Il y a ... personnes	qui trouvent	que les maths, c'est (facile) ...
Il y a une personne Il n'y a personne	qui trouve	

b Ecoute: Comment trouvent-ils les uniformes? (1–10)
Remplis la grille.

chic	super	cool	démodé	affreux	bof

Il y a ... personnes	qui trouvent	que les uniformes, c'est (chic) ...
Il y a une personne Il n'y a personne	qui trouve	

c Ecoute: Quelles sortes de vacances préfèrent-ils? (1–10)
Remplis la grille.

faire du sport	visiter des sites historiques	aller au bord de la mer	rester à la maison

Il y a ... personnes	qui préfèrent	aller/faire/rester ...
Il y a une personne Il n'y a personne	qui préfère	

2 Choisis une question et pose-la à huit personnes. Fais un petit résumé.

3 Les produits pour les cheveux *Hair products*
Quel shampooing est recommandé pour qui?

4 Trouve une pub pour chaque article. *Find an advertisement for each item.*

A **Mangez la confiture Fruits frais**

B Il fait chaud!
Mangez une glace Arctic!

C Une peau sensible?
Utilisez le savon
Peau-douce

D Donnez au chien les biscuits
Ouah-ouah

E Portez les tennis **FLASHPOINT**

F **Lavez votre lessive
avec Super Blanc!**

G Utilisez le parfum **SENT-BON**

H Vous avez faim?
Mangez une pizza **Roma!**

I Buvez du lait
Bonne vache

J **Garçons!**
Utilisez la crème anti-boutons
Peau neuve

K Mangez les bonbons Bon goût

5 Le courrier des lecteurs

1

Je n'ai pas de petite copine. J'ai quinze ans et tous mes amis ont une petite copine. Il y a une fille dans ma classe que j'aime beaucoup, mais je n'ose pas l'inviter à sortir avec moi. Je suis petit, et les filles de ma classe se moquent de moi.

Louis B.

2

J'ai commencé à fumer quand j'avais onze ans. Maintenant, je fume dix cigarettes par jour. Je veux arrêter, parce que ce n'est pas bon pour la santé et ça coûte très cher. Qu'est-ce que je peux faire?

Aurélie C.

3

J'ai quatorze ans, et depuis deux ans j'ai le visage et le dos couverts de boutons. C'est horrible. J'ai essayé des savons spéciaux et une crème antiseptique, mais j'ai toujours des boutons et des points noirs.

Serge F.

4

Mon petit copain boit de l'alcool. Je ne l'aime pas quand il boit. Il crie et fait des bêtises quand il a trop bu. J'ai peur qu'il fasse quelque chose de vraiment idiot.

Céline L.

5

Mes parents pensent que je suis trop mince. Ils insistent pour que je mange beaucoup. Je veux être mannequin et je dois rester mince. Qu'est-ce que je peux faire?

Sandrine J.

1 **a** Lis les lettres. Qui est-ce?

b Ecoute: Qui parle?

2 Trouve la bonne réponse à chaque lettre.

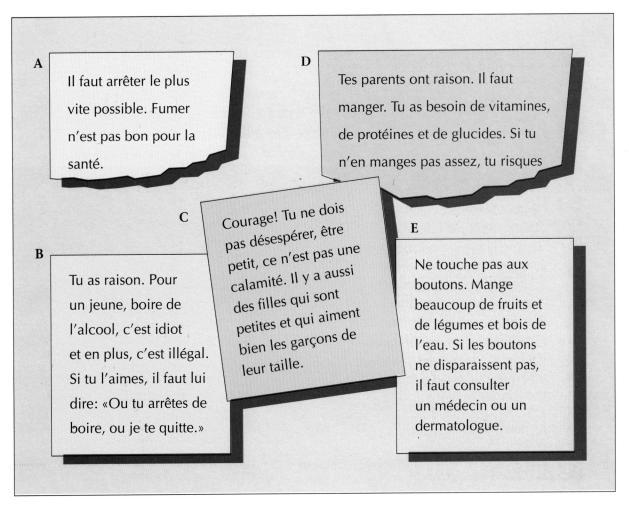

A Il faut arrêter le plus vite possible. Fumer n'est pas bon pour la santé.

D Tes parents ont raison. Il faut manger. Tu as besoin de vitamines, de protéines et de glucides. Si tu n'en manges pas assez, tu risques

C Courage! Tu ne dois pas désespérer, être petit, ce n'est pas une calamité. Il y a aussi des filles qui sont petites et qui aiment bien les garçons de leur taille.

E Ne touche pas aux boutons. Mange beaucoup de fruits et de légumes et bois de l'eau. Si les boutons ne disparaissent pas, il faut consulter un médecin ou un dermatologue.

B Tu as raison. Pour un jeune, boire de l'alcool, c'est idiot et en plus, c'est illégal. Si tu l'aimes, il faut lui dire: «Ou tu arrêtes de boire, ou je te quitte.»

3 **a** Ecris une lettre et une réponse pour la page «Courrier des lecteurs».

J'ai un problème ...
Je suis timide/bavard(e) ...
Je fume ...
J'adore les jeux vidéo ...
Je ne fais pas mes devoirs ...
Je trouve (les maths) difficile(s) ...
J'ai des boutons ...

Il faut	faire des efforts/écouter ... arrêter ... trouver quelqu'un qui t'aide demander aux copains de ...
Il ne faut pas	manger trop de ... faire des bêtises

b Ecris des «petites annonces». *Write some small ads.*

Exemples:

J'ai quatorze ans et j'aimerais correspondre avec des garçons et des filles de mon âge. J'adore la musique reggae et 'Fun radio'. Patrice 17.04.38

Chiens à vendre.
Notre springer a des petits. Ils sont adorables. 41.25.69

Poèmes

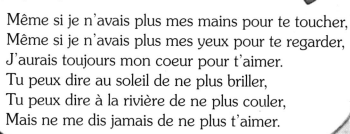

Mon coeur pour t'aimer
Raphaël pour Amélie

Même si je n'avais plus mes mains pour te toucher,
Même si je n'avais plus mes yeux pour te regarder,
J'aurais toujours mon coeur pour t'aimer.
Tu peux dire au soleil de ne plus briller,
Tu peux dire à la rivière de ne plus couler,
Mais ne me dis jamais de ne plus t'aimer.

Quand la vie est un collier
Chaque jour est une perle
Quand la vie est une cage
Chaque jour est une larme
Quand la vie est une forêt
Chaque jour est un arbre
Quand la vie est un arbre
Chaque jour est une branche
Quand la vie est une branche
Chaque jour est une feuille

Jacques Prévert

La clé

Donnez-moi
Une petite clé
S'il vous plaît
Pour ouvrir la porte
Au soleil

Donnez-moi
Une petite clé
Je vous prie
Pour fermer la porte
A la pluie

Une clé qui fait clic
Une clé qui fait clac
Et voilà

Anne-Marie Chapouton

A Lis les poèmes.

B Trouve des mots qui riment.

Exemple: fruit: nuit, bruit, ...

1 fruit	2 noir	3 bleu	4 vrai
5 sors	6 froid	7 eau	8 mère

C Ecris un poème.

> J'ai des mains pour te toucher
> J'ai des yeux ....

> Quand je suis content(e)/triste
> Je porte ....
>
> Quand la vie est un livre/une chanson/...
> Chaque jour est ....
>
> Quand il fait beau/du vent/du brouillard
> Je ....

L'image
Avec le crayon vert
Je dessine ....

Les bruits
La nuit, quand je suis dans mon lit,
J'entends la télé dans le salon,
les chiens dans la rue ...

Grammaire

Rendez-vous

The grammar topics you have worked on in the *Rendez-vous* pages of each Module are listed below, so that you can find the topic you want to revise.

Grammaire

1 Numbers (Les nombres)

0	zéro	11	onze	22	vingt-deux	**1 000**	mille
1	un	12	douze	30	trente	**2 000**	deux mille
2	deux	13	treize	40	quarante	**1 000 000**	un million
3	trois	14	quatorze	50	cinquante		
4	quatre	15	quinze	60	soixante		
5	cinq	16	seize	70	soixante-dix	**1er/1re**	premier/première
6	six	17	dix-sept	80	quatre-vingts	**2me**	deuxième
7	sept	18	dix-huit	90	quatre-vingt-dix	**3me**	troisième
8	huit	19	dix-neuf	100	cent	**4me**	quatrième
9	neuf	20	vingt	200	deux cents	**5me**	cinquième
10	dix	21	vingt et un	250	deux cent cinquante	**6me**	sixième

2 Time (L'heure)

Il est midi/minuit	*It's midday/midnight*
Il est une heure du matin/de l'après-midi	*It's one o'clock in the morning/afternoon*
Il est deux heures dix	*It's ten past two*
Il est deux heures et quart	*It's quarter past two*
Il est deux heures et demie	*It's half past two*
Il est trois heures moins vingt	*It's twenty to three*
Il est trois heures moins le quart	*It's quarter to three*

3 The calendar (Le calendrier)

Les mois:

janvier février mars avril mai juin juillet août septembre octobre novembre décembre

Les jours de la semaine: lundi mardi mercredi jeudi vendredi samedi dimanche

Les saisons de l'année:

le printemps: **au** printemps   l'été: **en** été   l'automne: **en** automne   l'hiver: **en** hiver

Les périodes de la journée: le matin   midi   l'après-midi   le soir   la nuit   minuit

4 Prepositions (Les prépositions)

à la gare	en face **de la** gare
au supermarché	en face **du** supermarché
à l'école	en face **de l'**école
aux toilettes	en face **des** toilettes

> **Attention!**
>
> | | |
> |---|---|
> | à + le = **au** | de + le = **du** |
> | à + les = **aux** | de + les = **des** |

5 Expressions of quantity (Les quantités)

Je voudrais	un kilo un demi-kilo/cinq cents grammes	de/d'	pommes oignons, etc.
	un litre		lait huile, etc.

Du, de la, de l', des = *some*

m	f	pl
du jambon **de l'**ail	**de la** farine **de l'**huile	**des** tomates

une boîte de conserve	*a tin of ...*
une boîte de chocolats	*a box of ...*
un pot de yaourt	*a pot of ...*
un pot de confiture	*a jar of ...*
un morceau de fromage	*a piece of ...*
une bouteille de vin	*a bottle of ...*
un paquet de mouchoirs	*a pack of ...*

6 Question words (Les mots interrogatifs)

A quelle heure? = *At what time?*
Ça coûte combien?/C'est combien? = *How much is it?*
Combien? = *How much?*
Comment ...? = *How ...?*
Est-ce que ...? = *Is it that ...?*
Lequel/Laquelle? = *Which one?*
Lesquels/Lesquelles? = *Which ones?*

Où? = *Where?*
Pourquoi? = *Why?*
Qu'est-ce que ...? = *What ...?*
Quand? = *When?*
Quel/Quelle? = *Which?*
Qui? = *Who?*
Quoi? = *What?*

7 Verbs (Les verbes)

7.1 Tenses (Les temps)

If you are talking about what you are doing now, or what you do on a regular basis, you use the present tense or **présent**:

Je joue au tennis = *I play tennis/I am playing tennis*
Je vais au cinéma = *I go to the cinema/I am going to the cinema*

If you are talking about what has happened and it is finished, you use the perfect tense or **passé composé**:

J'ai joué au tennis = *I played tennis*
Je suis allé(e) au cinéma = *I went to the cinema*

If you are talking about something which is going to happen soon, you use the near future or **futur proche**:

Je vais jouer au tennis = *I am going to play tennis*
Je vais aller au cinéma = *I am going (to go) to the cinema*

7.2 Regular verbs (Les verbes réguliers)

	-er verbs	-ir verbs	-re verbs	Reflexive verbs
Infinitif (*Infinitive*)	donner *to give*	finir *to finish*	répondre *to answer*	se laver *to get washed*
Présent (*Present*)	je donne tu donnes il/elle/on donne nous donnons vous donnez ils/elles donnent	je finis tu finis il/elle/on finit nous finissons vous finissez ils/elles finissent	je réponds tu réponds il/elle/on répond nous répondons vous répondez ils/elles répondent	je me lave tu te laves il/elle/on se lave nous nous lavons vous vous lavez ils/elles se lavent
Passé composé (*Perfect*)	j'ai donné tu as donné il/elle/on a donné nous avons donné vous avez donné ils/elles ont donné	j'ai fini tu as fini il/elle/on a fini nous avons fini vous avez fini ils/elles ont fini	j'ai répondu tu as répondu il/elle/on a répondu nous avons répondu vous avez répondu ils/elles ont répondu	je me suis lavé(e) tu t'es lavé(e) il/elle/on s'est lavé(e)(s) nous nous sommes lavé(e)s vous vous êtes lavé(e)(s) ils/elles se sont lavé(e)s
Futur proche (*Near future*)	je vais donner tu vas donner il/elle/on va donner nous allons donner vous allez donner ils/elles vont donner	je vais finir tu vas finir il/elle/on va finir nous allons finir vous allez finir ils/elles vont finir	je vais répondre tu vas répondre il/elle/on va répondre nous allons répondre vous allez répondre ils/elles vont répondre	je vais me laver tu vas te laver il/elle/on va se laver nous allons nous laver vous allez vous laver ils/elles vont se laver

7.3 Regular verbs with spelling changes in the present tense

Verbs with infinitives ending in *-ger*

je mange
tu manges
il/elle/on mange
nous mangeons
vous mangez
ils/elles mangent

Verbs with infinitives ending in *-cer*

je commence
tu commences
il/elle/on commence
nous commençons
vous commencez
ils/elles commencent

The verbs *acheter*, *se promener* and *se lever*

j'achète	je me promène	je me lève
tu achètes	tu te promènes	tu te lèves
il/elle/on achète	il/elle/on se promène	il/elle/on se lève
nous achetons	nous nous promenons	nous nous levons
vous achetez	vous vous promenez	vous vous levez
ils/elles achètent	ils/elles se promènent	ils/elles se lèvent

The verb *s'appeler*

je m'appelle
tu t'appelles
il/elle/on s'appelle
nous nous appelons
vous vous appelez
ils/elles s'appellent

7.4 Irregular verbs (Les verbes irréguliers)

Infinitif *Infinitive*	Présent *Present*		Passé composé *Perfect*	Futur proche *Near future*
aller *to go*	je vais tu vas il/elle/on va	nous allons vous allez ils/elles vont	je suis allé(e) il/elle est allé(e)	je vais aller il/elle va aller
apprendre, *to learn* – see **prendre**				
s'asseoir *to sit down*	je m'assieds tu t'assieds il/elle/on s'assied	nous nous asseyons vous vous asseyez ils/elles s'asseyent	je me suis assis(e) il/elle s'est assis(e)	je vais m'asseoir il/elle va s'asseoir
avoir *to have*	j'ai tu as il/elle/on a	nous avons vous avez ils/elles ont	j'ai eu il/elle a eu	je vais avoir il/elle va avoir
boire *to drink*	je bois tu bois il/elle/on boit	nous buvons vous buvez ils/elles boivent	j'ai bu il/elle a bu	je vais boire il/elle va boire
comprendre, *to understand* – see **prendre**				
connaître *to know*	je connais tu connais il/elle/on connaît	nous connaissons vous connaissez ils/elles connaissent	j'ai connu il/elle a connu	je vais connaître il/elle va connaître
courir *to run*	je cours tu cours il/elle/on court	nous courons vous courez ils/elles courent	j'ai couru il/elle a couru	je vais courir il/elle va courir
croire *to believe*	je crois tu crois il/elle/on croit	nous croyons vous croyez ils/elles croient	j'ai cru il/elle a cru	je vais croire il/elle va croire
découvrir, *to discover* – see **ouvrir**				
devenir, *to become* – see **venir**				
devoir *to have to; to owe*	je dois tu dois il/elle/on doit	nous devons vous devez ils/elles doivent	j'ai dû il/elle a dû	je vais devoir il/elle va devoir
dire *to say*	je dis tu dis il/elle/on dit	nous disons vous dites ils/elles disent	j'ai dit il/elle a dit	je vais dire il/elle va dire
dormir *to sleep*	je dors tu dors il/elle/on dort	nous dormons vous dormez ils/elles dorment	j'ai dormi il/elle a dormi	je vais dormir il/elle va dormir
écrire *to write*	j'écris tu écris il/elle/on écrit	nous écrivons vous écrivez ils/elles écrivent	j'ai écrit il/elle a écrit	je vais écrire il/elle va écrire
s'endormir, *to go to sleep* – see **dormir** (**But** remember use of *être* in reflexive verbs)				
être *to be*	je suis tu es il/elle/on est	nous sommes vous êtes ils/elles sont	j'ai été il/elle a été	je vais être il/elle va être

Infinitif *Infinitive*	Présent *Present*		Passé composé *Perfect*	Futur proche *Near future*
faire *to do;* *to make*	je fais tu fais il/elle/on fait	nous faisons vous faites ils/elles font	j'ai fait il/elle a fait	je vais faire il/elle va faire
lire *to read*	je lis tu lis il/elle/on lit	nous lisons vous lisez ils/elles lisent	j'ai lu il/elle a lu	je vais lire il/elle va lire
mettre *to put*	je mets tu mets il/elle/on met	nous mettons vous mettez ils/elles mettent	j'ai mis il/elle a mis	je vais mettre il/elle va mettre
obtenir, *to obtain* – see **tenir**				
offrir *to offer*	j'offre tu offres il/elle/on offre	nous offrons vous offrez ils/elles offrent	j'ai offert il/elle a offert	je vais offrir il/elle va offrir
ouvrir *to open*	j'ouvre tu ouvres il/elle/on ouvre	nous ouvrons vous ouvrez ils/elles ouvrent	j'ai ouvert il/elle a ouvert	je vais ouvrir il/elle va ouvrir
permettre, *to permit* – see **mettre**				
pouvoir *to be able*	je peux tu peux il/elle/on peut	nous pouvons vous pouvez ils/elles peuvent	j'ai pu il/elle a pu	je vais pouvoir il/elle va pouvoir
prendre *to take*	je prends tu prends il/elle/on prend	nous prenons vous prenez ils/elles prennent	j'ai pris il/elle a pris	je vais prendre il/elle va prendre
recevoir *to receive*	je reçois tu reçois il/elle/on reçoit	nous recevons vous recevez ils/elles reçoivent	j'ai reçu il/elle a reçu	je vais recevoir il/elle va recevoir
reconnaître, *to recognise* – see **connaître**				
revenir, *to return* – see **venir**				
rire *to laugh*	je ris tu ris il/elle/on rit	nous rions vous riez ils/elles rient	j'ai ri il/elle a ri	je vais rire il/elle va rire
savoir *to know;* *to know how*	je sais tu sais il/elle/on sait	nous savons vous savez ils/elles savent	j'ai su il/elle a su	je vais savoir il/elle va savoir
servir *to serve*	je sers tu sers il/elle/on sert	nous servons vous servez ils/elles servent	j'ai servi il/elle a servi	je vais servir il/elle va servir
sortir *to go out*	je sors tu sors il/elle/on sort	nous sortons vous sortez ils/elles sortent	je suis sorti(e) il/elle est sorti(e)	je vais sortir il/elle va sortir
sourire, *to smile* – see **rire**				
se souvenir de, *to remember* – see **venir**				

Infinitif *Infinitive*	Présent *Present*		Passé composé *Perfect*	Futur proche *Near future*
suivre *to follow*	je suis tu suis il/elle/on suit	nous suivons vous suivez ils/elles suivent	j'ai suivi il/elle a suivi	je vais suivre il/elle va suivre
tenir *to hold*	je tiens tu tiens il/elle/on tient	nous tenons vous tenez ils/elles tiennent	j'ai tenu il/elle a tenu	je vais tenir il/elle va tenir
venir *to come*	je viens tu viens il/elle/on vient	nous venons vous venez ils/elles viennent	je suis venu(e) il/elle est venu(e)	je vais venir il/elle va venir
voir *to see*	je vois tu vois il/elle/on voit	nous voyons vous voyez ils/elles voient	j'ai vu il/elle a vu	je vais voir il/elle va voir
vouloir *to want*	je veux tu veux il/elle/on veut	nous voulons vous voulez ils/elles veulent	j'ai voulu il/elle a voulu	je vais vouloir il/elle va vouloir

Vocabulaire français–anglais

A

un accident – accident
acheter – to buy
un acteur – actor
une actrice – actress
actif/ve – active
les actualités (f) – news
une addition – bill
adorer – to adore
un(e) adulte – adult
l' Afrique (f) – Africa
l' âge (m) – age
une agence de voyages – travel
agency
affreux/se – awful
aider – to help
l' ail (m) – garlic
aimer – to like
l' alcool (m) – alcohol
l' Allemagne (f) – Germany
allemand(e) – German
aller – to go
allergique à – allergic to
allonger – to stretch out
américain(e) – American
un(e) ami(e) – friend
s' amuser – to have fun
un analgésique – painkiller
un ananas – pineapple
un âne – donkey
anglais(e) – English (adj)
l' anglais (m) – English
(language)
l' Angleterre (f) – England
une année – year
un anniversaire – birthday
une annonce – ad(vertisement)
un anorak – anorak
août – August
un appartement – flat
s' appeler – to be called
après – after
un après-midi – afternoon
un arbre – tree
l' argent (m) – money
l' argent (m) de poche –
pocket money
une armoire – wardrobe
un arrêt de bus – bus stop
arriver – to arrive
artistique – artistic
un ascenseur – lift
assez – enough
assez grand(e) – quite big

une auberge de jeunesse –
youth hostel
l' Australie (f) – Australia
australien(ne) – Australian
aussi – also
l' automne (m) – autumn
autour de – around
l' avenir (m) – future
un avion – plane
avoir – to have

B

le baby-sitting – baby-sitting
le badminton – badminton
la baguette – stick of (French)
bread
la balade – stroll
le balcon – balcony
la baleine – whale
le ballon – ball
la banane – banana
la banlieue – suburbs
la banque – bank
la barbe – beard
le basket – basketball
les baskets (f) – trainers (shoes)
le bateau – boat
bavard(e) – talkative
beau/belle – beautiful
beaucoup de – lots of
le beau-père – stepfather
le bébé – baby
belge – Belgian
la Belgique – Belgium
bête – stupid
les bêtises (f) – mischief
la bicyclette – bicycle
la bière – beer
le biscuit – biscuit
la blague – joke
blanc(he) – white
blessé(e) – injured
bleu(e) – blue
bleu marine – navy blue
le bloc sanitaire – toilet block
blond(e) – blond
boire – to drink
le bois – wood
la boîte – box
la boîte de conserve – tin
(can)
la boîte en carton –
cardboard box
bon(ne) – good
le bonbon – sweet

de bonne heure – early
la botte – boot
la botte en caoutchouc –
wellington (boot)
la bouche – mouth
la boucherie – butcher's
(shop)
bouclé(e) – curly
les boucles d'oreilles (f) –
earrings
le boulanger – baker
la boulangerie – baker's
(shop)
la bouteille – bottle
la boutique de mode –
fashion boutique
le bouton – button, spot (on
skin)
le bras – arm
la brochure – brochure
se faire bronzer – to get a tan
la brosse à dents –
toothbrush
se brosser les dents – to brush
one's teeth
le brouillard – fog
le bruit – noise
brûler – to burn
brun(e) – brown (hair)
le buffet – sideboard
le bus – bus
le but – goal

C

le cachet – tablet
le cadeau – gift
avoir le cafard – to be feeling low
le café – café, coffee
la cage – cage
la caisse d'épargne – savings
bank
la calculatrice de poche –
pocket calculator
calme – calm
à la campagne – in the country
le camping – camping,
campsite
le camping-car – camper van
le Canada – Canada
le canapé – sofa
le canard – duck
la canne à sucre – sugar cane
le canoë-kayak – kayak,
kayaking
la capitale – capital

le car – bus, coach
le car de ramassage – school bus
la caravane – caravan
la carotte – carrot
carré(e) – square
à carreaux – checked
la carte d'anniversaire – birthday card
les cartes (f) – cards
la casquette – cap
casser – to break
la cassette vidéo – video (cassette)
la cathédrale – cathedral
la cave – cellar
le centre – centre
le centre commercial – shopping centre
le centre-ville – town centre
les céréales (f) – cereal(s)
la cerise – cherry
la chaise – chair
le chalet – chalet
la chambre – bedroom
le champ – field
le changement – change
la chanson – song
le chanteur, la chanteuse – singer
le chapeau – hat
la charcuterie – cooked meat shop (and delicatessen)
le chat – cat
châtain(s) – light brown (hair)
le château – castle
le chaton – kitten
chaud(e) – hot
le chauffage – heating
la chaussette – sock
la chaussure – shoe
chauve – bald
la chemise – shirt
le chemisier – blouse
cher/chère – expensive
chercher – to look for
le cheval – horse
les cheveux (m) – hair
les cheveux (m) en brosse – crewcut
les cheveux (m) mi-longs – shoulder-length hair
les cheveux (m) permanentés – permed hair
chic – smart
le chien – dog
les chips (f) – crisps

le chocolat – chocolate
le chocolat chaud – hot (drinking) chocolate
choisir – to choose
se coucher – to go to bed
le chou-fleur – cauliflower
la cigarette – cigarette
le cinéma – cinema
au cinquième étage – on the fifth floor
la classe – class
clair(e) – light (colour)
la clé – key
le climat – climate
le coeur – heart
par coeur – off by heart
collectionner – to collect
le collège – (secondary) school
le collier – necklace
la colline – hill
combien – how much, how many
le comédien, la comédienne – actor
la commode – chest of drawers
compris(e) – included
le concurrent, la concurrente – contestant
la confiture – jam
confortable – comfortable
content(e) – happy
le conteneur – container, bin
le continent – continent
le copain, la copine – friend
le petit copain – boyfriend
la petite copine – girlfriend
le corps – body
à côté de – beside
le coton – cotton
la couleur – colour
le couloir – corridor
le coup de soleil – sunburn
le cours – lesson
les courses – shopping
court(e) – short
le cousin, la cousine – cousin
le couteau – knife
coûter – to cost
couvert(e) – covered
la cravate – tie
le crayon – pencil
la crème antiseptique – antiseptic (cream)
la crème après-soleil – after-sun (cream)
la crème chantilly – whipped cream

la cuiller – spoon
la cuisine – kitchen
faire la cuisine – to do the cooking
la cuisinière – cooker
les cuisses (f) de grenouille – frogs' legs
le cyclisme – cycling

D

dangereux/se – dangerous
dans – in
la danse – dancing
danser – to dance
la date de naissance – date of birth
débarrasser – to clear (table)
le début – beginning
les déchets (m) – rubbish
défense d'entrer – no entry
déjà – already
le déjeuner – lunch
la demi-pension – half board
démodé(e) – old-fashioned
la dent – tooth
le dentifrice – toothpaste
dernier/ière – last
le désert – desert
le désordre – mess
le dessin – drawing
le dessin animé – (animated) cartoon
dessiner – to draw
détester to hate
devant – in front of
la déviation – diversion
les devoirs (m) – homework
difficile – difficult
la dinde – turkey
le dîner – dinner
la direction – direction
la disco(thèque) – disco(theque)
le documentaire – documentary
le doigt – finger
le doigt de pied – toe
c'est dommage – it's a pity
dormir – to sleep
le dos – back
la douche – shower
doux/douce – gentle
le drapeau – flag
à droite – on the right

E

l' eau (f) – water
l' eau (f) minérale – mineral water
une écharpe – scarf

écossais(e) – Scottish
l' Ecosse (f) – Scotland
écouter – to listen to
écrire – to write
l' éducation civique (f) – civics
un effort – effort
une église – church
l' électricité (f) – electricity
un éléphant – elephant
un(e) élève – pupil
une émission – programme, broadcast
en – in
un endroit – place
l' énergie (f) – energy
un(e) enfant – child
ennuyeux/euse – boring
une entrée – hall, entrance
environ – about
une épaule – shoulder
les épices (f) – spices
équilibré(e) – well balanced
l'équitation (f) – riding
l' escalade (f) – climbing
un escalier – stairs
un escargot – snail
l' Espagne (f) – Spain
espagnol(e) – Spanish
l' est (m) – east
un étage – storey
une étagère – shelves
les Etats-Unis (m) – United States
l' été (m) – summer
être – to be
étroit(e) – narrow
un(e) étudiant(e) – student
l' Europe (f) – Europe
un examen – exam
une excuse – excuse

F

en face de – opposite
avoir faim – to be hungry
faire – to do
la famille – family
fatigant(e) – tiring
fatigué(e) – tired
le fauteuil – armchair
faux/fausse – false
la femme – woman, wife
la fenêtre – window
la ferme – farm
fermer – to close
les fesses (f) – bottom
le feu – fire
la feuille – leaf
le feuilleton – serial

la fièvre – fever
la fille – girl
le film – film
le fils – son
la fin – end
fini(e) – finished
la fleur – flower
le/la fleuriste – florist's (shop)
foncé(e) – dark (colour)
le foot – football
la force – strength
la forêt – forest
avoir la forme – to be on form
la fourchette – fork
la fraise – strawberry
français(e) – French (adj)
le français – French (language)
la France – France
la frange – fringe
frapper des mains – to clap one's hands
le frère – brother
le frigidaire – refrigerator
le frigo – fridge
frisé(e) – curly
les frites (f) – chips
froid(e) – cold
le fromage – cheese
le fruit – fruit
fumer – to smoke

G

gagner – to earn
gallois(e) – Welsh
le gant – glove
le garage – garage
le garçon – boy
la gare – station
le gâteau – cake
à gauche – on the left
il gèle – it's freezing
geler – to freeze
généreux/se – generous
génial(e) – brilliant
le genou – knee
les gens (m) – people
le gilet – waistcoat
la girafe – giraffe
la glace – ice cream
la gorge – throat
gourmand(e) – greedy
le goûter – (afternoon) tea
la graisse – fat (n)
grand(e) – big
la Grande-Bretagne – Great Britain
la grand-mère – grandmother
les grands-parents (m) – grandparents

le grand-père – grandfather
gris(e) – grey
gros(se) – fat
la GRS – gymnastics
le guépard – cheetah

H

s' habiller – to get dressed
un(e) habitant(e) – inhabitant
habiter – to live
le haricot vert – green bean
hausser les épaules – to shrug one's shoulders
hier – yesterday
l' histoire-géo (f) – history and geography
historique – historic(al)
l' hiver (m) – winter
le hockey (sur gazon) – hockey
le hockey sur glace – ice hockey
hollandais(e) – Dutch
un homme – man
un hôpital – hospital
un hôtel – hotel
un hôtel de ville – town hall

I

une idée – idea
une image – picture
un immeuble – block of flats
un imperméable – raincoat
l' indépendance (f) – independence
industriel(le) – industrial
un infirmier, une infirmière – nurse
l' informatique (f) – computing, IT
un inhalateur – inhaler
interdit(e) – forbidden
intéressant(e) – interesting
irlandais(e) – Irish
l' Irlande (f) – Ireland
l' issue (f) de secours – emergency exit
l' Italie (f) – Italy
italien(ne) – Italian

J

jamais – never
la jambe – leg
le jambon – ham
le Japon – Japan
japonais(e) – Japanese
le jardin – garden

jaune – yellow
le jean – jeans
le jeu vidéo – video game
jeune – young
joli(e) – pretty
jouer – to play
le journal – newspaper, diary
le judo – judo
jumelé(e) – twinned
une jupe – skirt
le jus d'orange – orange juice

K

le ketchup – ketchup

L

le lac – lake
laisser – to leave (*something*)
le lait – milk
la lampe – lamp
large – wide
la larme – tear
laver – to wash
le lave-vaisselle – dishwasher
les légumes (m) – vegetables
la lettre – letter
se lever – to get up
la librairie – bookshop
le lieu – place
la limonade – lemonade
lire – to read
le lit – bed
le livre – book
la location vélos – bike hire
loin – far
les loisirs (m) – leisure activities
long(ue) – long
le lotissement – housing estate
la lumière – light
les lunettes (f) – glasses
les lunettes (f) de soleil – sunglasses

M

la machine à laver – washing machine
le magasin – shop
faire les magasins – to go shopping
le magazine – magazine
le maillot de bain – swimsuit
la main – hand
la maison – house
la maison d'à côté – house next door
avoir mal à la tête – to have a headache

avoir mal au dos – to have a sore back
malade – ill
manger – to eat
le manteau – coat
le marché – market
le marché aux puces – second-hand market
la maroquinerie – leather (goods) shop
marquer un but – to score a goal
marrant(e) – funny
en avoir marre de – to be fed up with
marron – brown
le match de foot – football match
la matière – subject
la matière grasse – fat (n)
le matin – morning
les maths (f) – maths
mauvais(e) – bad
le médicament – medicine
même – same
le menton – chin
le menu – menu
la mer – sea
la mère – mother
le métal – metal
la météo – weather (bulletin)
le métro – underground
mettre – to put
midi – midday
mignon(ne) – cute
mince – thin
le mocassin – moccasin
moderne – modern
le mois – month
le monde – world
la montagne – mountain
monter – to go up, to climb
la montre – watch
le monument – monument
se moquer de – to make fun of
mort(e) – dead
la mosquée – mosque
la moto – motorbike
le mouchoir en papier – paper tissue
la moufle – mitten
les moules (f) – mussels
le moulin – mill
la moustache – moustache
le mouvement – movement
moyen(ne) – medium

le mur – wall
le musée – museum
la musique – music

N

nager – to swim
la naissance – birth
la natation – swimming
la nationalité – nationality
il neige – it's snowing
neiger – to snow
nettoyer – to clean
neuf/neuve – (brand) new
le nez – nose
noir(e) – black
le nom – name
le nord – north
nouveau/elle – new
le nuage – cloud
nuageux/euse – cloudy
la nuit – night
le numéro – number

O

s' occuper de – to look after
octobre – October
un oeil – eye
un oeuf – egg
un oiseau – bird
ombragé(e) – shady
une omelette – omelette
un oncle – uncle
ondulé(e) – wavy
un orage – storm
un ordinateur – computer
les ordures (f) – rubbish
une oreille – ear
oser – to dare
oublier – to forget
l' ouest (m) – west
l' ouverture (f) – opening
ouvrir – to open

P

le pain – bread
le palmier – palm tree
pâle – pale
le panneau – sign
le pantalon – trousers
la papeterie – stationer's (shop)
le papier – paper
le paquet – pack
le parapente – paragliding
le parapluie – umbrella
le parc d'attractions – amusement park
parce que – because
les parents (m) – parents
paresseux/se – lazy

le parfum – perfume
la parfumerie – perfume shop
parler – to speak
le parking – car park
pas du tout – not at all
le passage souterrain –
    underpass
passer l'aspirateur – to
    vacuum
le passe-temps – leisure
    activity
la pastille – lozenge
le pâté – pâté
le patin à glace – ice-skate,
    ice-skating
le patin à roulettes – roller-
    skate, roller-
    skating
le patinage – skating
la pâtisserie – cake shop
la paume – palm (of the hand)
le pays – country
les Pays-Bas (m) – the
    Netherlands
le Pays de Galles – Wales
le péage – toll
la peau – skin
la peau sensible – sensitive
    skin
la pêche – peach
la pêche – fishing
le peigne – comb
la pellicule – film (for camera)
la pelouse – lawn
la pension complète – full
    board
perdre – to lose
le père – father
la perle – pearl
petit(e) – small
les petites annonces (f) – small
    ads
le petit déjeuner – breakfast
le petit pain – bread roll
le petit pois – pea
un peu – a bit
avoir peur de – to be afraid of
la pharmacie – chemist's
    (shop)
la photo – photo
physique – physical
la pièce – room
à pied – on foot
le pied – foot
le piéton – pedestrian
la pile – battery
le pique-nique – picnic
la piqûre – injection
la piscine – swimming pool

la pizza – pizza
le placard – cupboard
la place – square (in town)
la plage – beach
la planche à voile –
    windsurfer,
    windsurfing
le plastique – plastic
il pleut – it's raining
pleuvoir – to rain
la plongée – scuba diving
la pluie – rain
le poème – poem
la pointure – size (of shoe)
le poisson – fish
le polo – polo shirt
la pomme – apple
le pont – bridge
la population – population
le porc – pork
le port – port
la porte – door
le porte-clés – keyring
le porte-monnaie – purse
porter – to wear
la poste – post office
le poster – poster
le pot – pot, jar
le potage – soup
la poubelle – bin
le poulet – chicken
pourquoi – why
pousser – to push
préférer – to prefer
prendre – to take
le prénom – first name
près de – near
le printemps – spring
le prix – price
le/la professeur – teacher
faire une promenade – to go for a
    walk
la prononciation –
    pronunciation
la propriété privée – private
    property
la pub(licité) –
    ad(vertisement),
    advertising
le pull(-over) – pullover

Q
la queue de cheval – pony
    tail
quitter – to leave (house
    etc.)

R
la radio – radio
le rafting – rafting

raide – straight
la raison – reason
raisonnable – reasonable
la randonnée – hiking
ranger – to tidy up
le rapport – report
à rayures – striped
la récré(ation) – break
le recyclage – recycling
regarder – to watch
le régime – diet
la région – region
remplir – to fill
les renseignements (m) –
    information (desk)
rentrer – to go home
la réponse – answer
se reposer – to rest
le restaurant – restaurant
le résumé – summary, report
se retrouver – to meet
réussir – to succeed
se réveiller – to wake up
le rez-de-chaussée – ground
    floor
le rhinocéros – rhinoceros
le rhume – cold (illness)
le rhume des foins – hay
    fever
rigolo(te) – funny
la rivière – river
le riz – rice
la robe – dress
le robinet – tap
rond(e) – round
rose – pink
rouge – red
roux/rousse – red (hair)
la rue – street
le rugby – rugby

S
le sabot – clog
le sac – bag
le sac à dos – backpack
le sac en coton – cotton bag
le sac en papier – paper bag
le sac en plastique – plastic
    bag
la sacoche – saddle bag
la saison – season
la salade – salad
la salle à manger – dining
    room
la salle de bains – bathroom
la salle de séjour – living
    room
le salon – living room
la sandale – sandal

la santé – health
la saucisse – sausage
le saut à l'élastique – bungee jumping
savoir – to know (how to)
le savon – soap
les sciences (f) – science
le/la scientifique – scientist
sec/sèche – dry
le sèche-cheveux – hair-dryer
le sel – salt
la semaine – week
sérieux/se – serious
la serviette – towel
le shampooing – shampoo
le short – shorts
le sirop – syrup
le skate – skateboard, skateboarding
le ski – skiing
le ski nautique – water skiing
la soeur – sister
avoir soif – to be thirsty
le soir – evening
le soleil – sun
le sondage – survey
la sortie – exit
la sortie de secours – emergency exit
sortir – to go out
la soupe – soup
sourire – to smile
le sous-sol – basement
souvent – often
les spaghettis (m) – spaghetti
le sparadrap – plaster
le sport – sport
sportif/ve – sporty, athletic
le sportif – sportsman
la sportive – sportswoman
la stabilité – stability
le stade – stadium
le stage – course (of lessons)
strict(e) – strict
stupide – stupid
le stylo – pen
le sucre – sugar
le sud – south
suisse – Swiss
la Suisse – Switzerland
le supermarché – supermarket
sur – on
le surf des neiges – snowboarding
le sweat – sweatshirt
sympa – nice

le syndicat d'initiative – tourist information office

T

le tabac – tobacconist's (shop)
le tabac-journaux – tobacconist's and newsagent's
la table – table
le tabouret – stool
la taille – size, height
la tante – aunt
tard – late
la tarte aux pommes – apple tart
la tartine – slice of bread (and spread)
le taxi – taxi
le tee-shirt – T-shirt
la télé(vision) – TV, television
le temps – weather
de temps en temps – occasionally
le tennis – tennis
la tennis – gym/tennis shoe
la tente – tent
la tête – head
le thé – tea
le théâtre – theatre
le ticket de bus – bus ticket
le timbre – stamp
timide – shy
tirer – to pull
tirer la langue – to stick out one's tongue
faire sa toilette – to get washed
les toilettes (f) – toilet(s)
la tomate – tomato
tondre le gazon – to mow the lawn
toucher – to touch
la tour – tower
touristique – tourist (adj)
tousser – to cough
tout droit – straight on
tout le temps – all the time
le train – train
tranquille – quiet
travailler – to work
travailleur/euse – hard-working
très – very
triste – sad
trop – too
le trou – hole
la trousse – pencil case

trouver – to find
le tube – tube

U

un uniforme – uniform
unique (fils/fille unique) – only (child)

V

les vacances (f) – holidays
la vache – cow
la vaisselle – washing up
la valise – suitcase
la vanille – vanilla
le vélo – bicycle
vendre – to sell
venir – to come
le vent – wind
le ventre – stomach
le verre – glass
vert(e) – green
la veste – jacket
les vêtements (m) – clothes
la viande – meat
la vidéo – video
vider – to empty
vieux/vieille – old
la villa – suburban house
le village – village
la ville – town
le vin – wine
le visage – face
la visite – visit
le visiteur – visitor
vite – quickly
la voile – sailing
les voisins (m) – neighbours
la voiture – car
le volcan – volcano
le volley – volleyball
le voyage – journey
vrai(e) – true

W

les W.-C. (m) – toilet
le week-end – weekend

Y

le yaourt – yoghurt
les yeux (m) – eyes

Z

la zone piétonne – pedestrian zone

Vocabulaire anglais–français

Numbers after irregular verbs refer to the section of the *Grammaire* where they are set out.

A
a – un/une
to be able to – pouvoir (7.4)
to add – ajouter
(I am) afraid of ... – (j'ai) peur de ...
after – après
afternoon – après-midi (*m*)
I agree – je suis d'accord
agreed – d'accord
alone – seul(e)
also – aussi
another – encore un(e)
they are – ils/elles sont (être: 7.4)
are you? – es-tu? êtes-vous? (être: 7.4)
to arrive – arriver
to ask – demander

B
bag – le sac
beautiful – beau/belle
because – parce que
bedroom – la chambre
before – avant
behind – derrière
beside – à côté de
between – entre
big – grand(e)
black – noir(e)
boy – le garçon
my boyfriend – mon petit ami
but – mais
to buy – acheter (j'achète) (7.3)

C
to carry – porter
(I am) cold – (j'ai) froid
in the country – à la campagne

D
day – le jour
the whole day – la journée
dear – cher/chère
to do – faire (7.4)
to drink – boire (7.4)

E
each – chaque
each one – chacun(e)
to eat – manger (7.3)

especially – surtout
evening – le soir
this evening – ce soir
every – chaque
every day – tous les jours
except – sauf

F
favourite – préféré(e)
first – premier/première
for (me) – pour (moi)
friend – le copain/la copine, l'ami(e)
in front of – devant

G
to get up – se lever (7.3)
girl – la fille
my girlfriend – ma petite amie
to give – donner
to go – aller (7.4)
to go out – sortir (je sors) (7.4)
ground floor – le rez-de-chaussée

H
I had – j'avais (avoir: 7.4)
to have – avoir (7.4)
to have to – devoir (7.4)
I have a headache – j'ai mal à la tête
I haven't a ... – je n'ai pas de ...
have you ...? – as-tu ...?/ avez-vous ...?
he – il
to help – aider
her – son/sa/ses
his – son/sa/ses
home/at my house – chez moi
house – la maison
how? – comment?
(I'm) hungry – (j'ai) faim

I
if – si
ill – malade
in – dans
is – est (être: 7.4)

L
to laugh – rire (je ris) (7.4)
lazy – paresseux/se

to leave – partir (je pars) (7.4)
on the left – à gauche
less – moins
to like/love – aimer
to listen – écouter
I love you – je t'aime

M
man – un homme
to meet – se retrouver
we'll meet – on se retrouve
it's mine – c'est à moi
money – l'argent (*m*)
more – plus
morning – le matin
I must – je dois (devoir: 7.4)
my – mon/ma/mes

N
near – près de
(I) need – (j'ai) besoin de
never – jamais
next to – à côté de
nice – beau/belle, gentil(le)
now – maintenant

O
on – sur
only – seulement
open – ouvert(e)
opposite – en face du/de la/des
or – ou

P
perhaps – peut-être
to play – jouer
please – s'il te/vous plaît
present – le cadeau (des cadeaux)
put (on) – mettre (7.4)

Q
quelque chose – something
quite – assez

R
rain – la pluie
it's raining – il pleut
to read – lire (7.4)
to return – rentrer
right/correct – vrai(e)
on the right – à droite

S

to say – dire (7.4)
at the seaside – au bord de la mer
to see – voir (7.4)
    she – elle
    short – court(e)
    small – petit(e)
    someone – quelqu'un
    something – quelque chose
to stay – rester
    sun – le soleil
    super! – génial! fantastique!
to swim – nager (7.3)

T

to take – prendre (7.4)
    thank you – merci
    the – le/la
    their – leur(s)
    then – puis, alors
    there is/there are – il y a
    thin – mince
to think – penser
(I am) thirsty – (j'ai) soif
(I am) tired – (je suis) fatigué(e)
    to (to the) – à (au/à l'/aux)

    today – aujourd'hui
    tomorrow – demain
    too – trop
me too! – moi aussi!
    towel – la serviette
in town – en ville
    tree – un arbre
fir tree – le sapin

U

    under – sous

V

    very – très
to visit – visiter

W

to wake up – se réveiller
to want – vouloir (7.4)
I want to – j'ai envie de
    warm – chaud(e)
I was – j'étais (être: 7.4)
to wash – laver
to wash oneself – se laver
to watch – regarder
    water – l'eau (f)
    we are going – nous allons, on va (aller: 7.4)
    week – la semaine

    what is it? – qu'est-ce que c'est?
    when? – quand?
    where? – où?
    which? – quel(le)?
    white – blanc(he)
    who? – qui?
    why? – pourquoi?
    with – avec
    without – sans
to work – travailler
I would like – je voudrais (vouloir: 7.4)
to write – écrire (7.4)

Y

    yes – oui
    yes, I do – si
    yesterday – hier
(not) yet – (pas) encore
    you – tu (*verb usually ends in* -s)
    vous (*verb usually ends in* -ez)

Les instructions

Apprends par coeur	Learn by heart
Attention à la prononciation	Watch the pronunciation
Choisis	Choose
Coche les mots dans ta liste	Tick the words in your list
Commencez à tour de rôle	Take turns
Complète la grille	Complete the grid
Copie et complète	Copy and complete
Décris	Describe
Dessine	Draw/design
Devine	Guess
Ecoute	Listen
Ecoute et vérifie	Listen and check
Ecris	Write
Ecris des phrases/un résumé/un rapport	Write sentences/a summary/a report
Enregistre	Record
Fais correspondre les textes/mots et les photos/images	Match the texts/words to the photos/pictures
Fais une description/un portrait	Write a description
Fais une liste	Make a list
Interviewe ton/ta partenaire	Interview your partner
Jeu de rôles	Role-play
Lis	Read
Lis le texte	Read the text
Note les réponses/les mots	Note down the answers/words
Parle	Speak
Parlez à deux	Speak in pairs
Pose la question à ton/ta partenaire	Ask your partner
Prépare	Prepare
Remplace les mots soulignés	Replace the underlined words
Remplis la fiche	Fill in the sheet
Remplis les blancs	Fill in the missing word
Répète	Repeat
Réponds aux questions	Answer the questions
Sondage (un)	A survey
Traduis en anglais	Translate into English
Travaille avec un(e) partenaire	Work with a partner
Trouve la/les bonnes images	Find the right picture(s)
Trouve la/les bonnes réponses	Find the right answer(s)
Tutoyer	Use the tu form
Vouvoyer	Use the vous form